INTERNET E DISTOPIA

considerações a partir da assimetria
de informação e dos rendimentos
crescentes de escala

Preparo de originais: Gabrielle Antunes
Revisão: Jumara Oliveira
Diagramação: Cintia Rodrigues
Capa: Ygor Moretti

Catalogação na publicação
Elaborada por Bibliotecária Janaina Ramos – CRB-8/9166

C421i

Djéli, Júlio C.

Internet e distopia: considerações a partir da informação assimétrica e dos rendimentos crescentes de escala / Djéli, Júlio C. – Rio de Janeiro: Ases da Literatura, 2024.

112 p.; 14 X 21 cm

ISBN 978-65-98001-19-3

1. Internet. 2. Tecnologia. I. Djéli, Júlio C. II. Título.

CDD 004.678

Índice para catálogo sistemático
I.   Internet

JÚLIO C. DJÉLI

INTERNET E DISTOPIA

considerações a partir da assimetria de informação e dos rendimentos crescentes de escala

Monografia apresentada às Faculdades Oswaldo Cruz como parte dos requisitos exigidos para a obtenção do grau de Bacharel em Ciências Econômicas.

Orientador: Prof. Wilson Cardoso Lira

DEDICATÓRIA

Aos ancestrais, à minha avó, aos meus pais

AGRADECIMENTOS

A presente tese foi concluída em 2020, como parte dos requisitos exigidos para a obtenção do grau de Bacharel em Ciências Econômicas, num momento de ambiente turbulento pela instabilidade política, normalização da desumanização, crise sanitária e vitalidade da morte. Meu primeiro agradecimento é àqueles que tornaram possível todo aprendizado adquirido e compartilhado, meus pais, Sonia Maria e Silvio César, e minha irmã, Gabriele Ivone, sendo casa cheia de afeto do chão ao teto. Agradeço ao orientador, Wilson Cardos Lira, por acreditar no projeto mesmo diante de uma vastidão de urgências do tempo, seus conselhos, avaliações, entusiasmo científico e sinceridade. Um destaque a toda troca em grupo com os amigos ao longo dessa fase, em especial a gentileza, empatia e camaradagem de Gustavo Silva, o encorajamento e solidariedade de Camila Ramos nas encruzilhadas e a maestria e discernimento de Alexandre Moysés. Por fim um agradecimento e reverência a ancestralidade que sustentou cada passo, palavra e parágrafo até aqui: Benedita Faustino, Ivone Gonçalves, José Maria Filho, Eulália Amaro e tantos outros.

SUMÁRIO

Nada há que seja verdadeiramente livre nem suficientemente democrático. Não tenhamos ilusões, a internet não veio para salvar o mundo.

José Saramago

UMA BREVE INTRODUÇÃO

Muito se fala sobre internet – comumente referida junto a assuntos de internet das coisas, interconexão digital, redes digitais, redes sociais, informática – e o uso da informação. A rede mundial de computadores concentra uma infinidade de dados e informações numa estrutura descentralizada. Nela, sendo um *lócus* de ação humana, os indivíduos são parte importante nas movimentações e metamorfoses da rede; alterando-a a cada interação. A internet mostrou-se uma ferramenta eficiente na modificação da realidade social. Através dela surgiram novas relações, que se tornaram novas práticas de consumo, novas cadências produtivas, novos hábitos sociais, novas formas de comunicação e distribuição da informação.

Em "Homo Deus: uma breve história do amanhã" (2016), Yuval Noah Harari localiza as origens do condicionamento atual enquanto afrouxa seu domínio, suscitando pensamentos e reflexões sobre o futuro a partir da antropologia física enquanto campo da historiografia e da filosofia contemporânea. As reflexões apresentadas concebem o esboço de um futuro que, de fato, passa pela tecnologia inserida num contexto como ferramenta de controle, mas as proposições apresentadas vão mais adiante. O autor amplia os horizontes, ultrapassa imperativos ficcionais comuns. Ante uma análise dos avanços da biotecnologia, da inteligência artificial e de uma onipresença e onisciência algorítmica, discute o futuro para além dos "padrões distópicos". A discussão não se limita a distopias as quais num futuro próximo uma empresa de alta tecnologia domina um mundo e em que os estados nacionais se tornaram fracos, Harari propõe pensar sobre "outras distopias":

> Na realidade, não podemos predizer o futuro. Todos os cenários esboçados neste livro deveriam ser entendidos mais como possibilidades do que como profecias. Quando pensamos no futuro, nossos horizontes usualmente são limitados pelas ideologias e pelos sistemas sociais atuais. A democracia nos incentiva a acreditar em um futuro democrático; o capitalismo não nos permite conceber uma alternativa não capitalista, e o humanismo dificulta a concepção de um destino pós-humano. No máximo, reciclamos ocorrências passadas e pensamos nelas como futuros alternativos. Por exemplo, o nazismo e o comunismo do século XX servem de modelo para muitas fantasias distópicas, e autores de ficção científica utilizam legados medievais e antigos para imaginar cavaleiros Jedi e imperadores galácticos que tudo resolvem com naves espaciais e armas a laser. (HARARI, 2016, p. 397).

Nesse sentido, a internet não é apenas um importante marcador para entender a configuração contemporânea da realidade, mas também um prelúdio fundamental para se pensar futuros alternativos e "outras distopias"[1]. A internet promove profundas transformações no plano das estruturas sociais. A partir daí, aliadas aos avanços tecnológicos de outras ordens (tal qual inteligência artificial e biotecnologia), as transformações orientadas pela internet, *a priori,* anteciparam os modelos de sociedade, política e economia e, *a posteriori,* os revisariam; colocando-os em xeque. Harari articula, então, que os modelos contemporâneos são limitados, eles não servem para o futuro, já que no futuro serão passado.

De antemão, têm-se a ideia de que: a democracia leva a crer num futuro democrático; o capitalismo, num futuro capitalista; e o humanismo, num futuro humanista. Ou seja, pensar o futuro muitas vezes julga o que está por vir como um rigoroso resíduo do condicionamento contemporâneo. (Nessa linha, pensar o futuro soa como refletir o presente.) Posto isto, é adequado encarar a internet como um prelúdio fundamental para se pensar futuros alternativos – e "outras distopias". Isso porque ela denota o surgimento de revoluções, não apenas transformações. São os transtornos e transformações que surgem a partir da internet que conjugam metamorfoses na realidade, alterando-a por completo. As "revoluções" orientadas pela internet atravessam a realidade em diferentes graus, níveis, planos e dimensões:

A ascensão da internet nos fornece uma degustação do que está por vir. O ciberespaço hoje é crucial em nossa vida cotidiana, em nossa economia e em nossa segurança. Porém, as escolhas críticas entre projetos alternativos da web não foram feitas por meio de um processo político democrático, embora envolvessem questões políticas tradicionais, como soberania, fronteiras, privacidade e segurança. Você alguma vez deu seu voto quanto ao formato do ciberespaço? Decisões tomadas por projetistas da web longe das luzes do palco indicam que na atualidade a internet é uma zona livre e sem lei que desgasta a soberania do Estado, ignora fronteiras, elimina a privacidade e representa o mais formidável risco à segurança global. (HARARI, 2016, p. 377).

Sérgio Amadeu da Silveira, em entrevista, ao discorrer sobre os deslocamentos na esfera da informação e do controle impulsionado a partir da relação entre tecnologia, cultura e sociedade que atravessa a vida cotidiana, situa a presença de transtornos, perturbações, imprecisões na informação que reside na internet (ou ciberespaço):

Quando me comunico com alguém na internet utilizo um dispositivo para enviar e receber informações para outro dispositivo técnico que está em algum ponto do planeta. Essa interação é realizada entre milhões de possibilidades e de rotas que compõem a internet. Entretanto, os dispositivos que interagem têm posições inequívocas na rede e assim a comunicação só pode ser realizada com base em um controle de precisão. Alexander Galloway havia

> dito que a internet é uma rede de controle jamais vista. (SILVEIRA, 2020, p. 364-365).

Harari (2016, p. 388) afirma que os "humanos são apenas instrumentos para a criação da internet"[2]. Nessa linha, junto das considerações de Silveira, tem-se que a internet opera como um arranjo ambivalente: organiza em si a produção e coexistência de informação e desinformação. Com isso, o papel desempenhado por todos os atores envolvidos no processo – indivíduos e empresas – se torna cada vez mais relevante no que tange a composição das informações dispostas. Em meio a isso, a internet compreende a produção e manipulação de dados – mas também da realidade.

É de amplo conhecimento a existência de ferramentas de análise desses dados: Big Data, ciência de dados, linguagem de programação, algoritmos e psicometria[3] são alguns exemplos – que, inclusive, permeiam a exploração de dados feita pela Cambridge Analytica[4]. Sabe-se, então, que a cargo de empresas de alta tecnologia a informação é extremamente valiosa. Para além do escândalo da Cambridge Analytica, a Google é um dos exemplos mais proeminentes. A dificuldade de conjecturar uma realidade indiferente à Google, Facebook, Instagram, Netflix e companhia é resultado disso. Dito isto, a presença de ferramentas da informática tais quais a Big Data na forma social contemporânea acaba por transformar e transtornar as relações com a internet, o mundo e, sobretudo, as informações.

A teoria econômica produziu designações num campo do pensar econômico que trata das informações. As contribuições das análises de mercados com informação assimétrica são seminais; e pertinentes. Logo, partindo da hipótese de que há uma correlação entre a teoria de informação assimétrica e o *modus operandi* de novos modelos de negócio baseados no conhecimento em meio às transformações tecnológicas catapultadas pela internet, a proposta é analisar a ampliação e os avanços da Big Data e da ciência de dados – destacando a abordagem da informação no tocante à assimetria de informação e rendimentos crescentes de escala, além de ter as FAANG como recorte prático da dinâmica de mercado a ser estudado.

Dessa maneira, será discutido inicialmente com maior profundidade o desenvolvimento da internet conforme as definições de Pierre Lévy, seguido pela abstração de Maurizio Lazzarato que explica a confusa relação criativa entre "criador" e "usuário" no momento do capitalismo pós-industrial no que tange a produção da informação. Utilizando os estudos de Hal Ronald Varian, o primeiro capítulo ainda trará considerações sobre a Big Data, apresentando os novos modelos de negócio que surgem com a internet.

O segundo capítulo apresentará a teoria de mercados com informação assimétrica, com base nas contribuições e fundamentos desenvolvidos por George Arthur Akerlof, Michael Spence e Joseph Eugene Stiglitz; considerando a seleção adversa, a sinalização de mercado e a filtragem como conceitos-chave da articulação teórica proposta.

E por último, no terceiro capítulo, a abordagem se dará a partir da sugestão de William Brian Arthur sobre a bifurcação dos modelos de negócio em dois mundos distintos: o "mundo de Alfred Marshall" e o "mundo de rendimentos crescentes". Conduzindo para noções mais concretas e quantitativas, o foco conduzirá uma comparação entre o desempenho em ambiente de Bolsa de Valores[5] das FAANG Stocks com empresas mais tradicionais listadas e componentes do NYSE Composite – com fundamento na avaliação das cotações e emissão de dividendos dos últimos anos.

As considerações finais consistem em indicar que as relações econômicas observadas se organizam junto aos deslocamentos provocados pela internet nesse momento do dito capitalismo pós-industrial, acentuando a interação das teorias econômicas comentadas com as transformações e transtornos das plataformas digitais organizadas em rede – tangenciando o campo das ciências sociais. Ampliando a discussão acerca das distopias, com embasamento econômico.

CAPÍTULO 1

INTERNET: ERA UMA VEZ UMA UTOPIA

A internet transformou a forma como nos comunicamos. Enquanto antes o Estado e grandes empresas controlavam os meios de comunicação de massas, agora a internet assinala uma passagem para um outro cenário. O ecossistema da internet é descentralizado, por não possuir um centro computacional, acaba por dispersar as informações pelas extremidades do ciberespaço, atingindo pessoas que passam a poder compartilhar suas opiniões e ideias (SILVEIRA, 2010, p. 65). A comunicação mudou, uma vez que a informação atravessa sem intermediários (NIC, 2018, p. 15).

Nesse sentido, Pierre Lévy (1999, p. 11) demarca dois pontos importantes do desdobramento da internet no que tange a problemas sociais e culturais: (i) o crescimento do ciberespaço enquanto resultante de movimentação de coletividades que encontram outras formas de comunicação diferentes das clássicas e (ii) a abertura de um novo espaço de comunicação, em que a exploração compreende possibilidades culturais, políticas e econômicas.

Para tanto, Lévy define "ciberespaço" e "cibercultura":

> O ciberespaço (que também chamarei de "rede") é o novo meio de comunicação que surge da interconexão mundial dos computadores. O termo especifica não apenas a infraestrutura material da comunicação digital, mas também o universo oceânico de informações que ela abriga, assim como os seres humanos que navegam e alimentam esse universo. Quanto ao neologismo "cibercultura", especifica aqui o conjunto de técnicas (materiais e intelectuais), de práticas, de atitudes, de modos de pensamento e de valores que se desenvolvem juntamente com o crescimento do ciberespaço. (LÉVY, 1999, p. 17).

Sérgio Amadeu da Silveira faz uma consideração sobre a cibercultura que surge com o crescimento da internet. Comunicação e informação conformadas às transformações que surgiram com o ciberespaço (doravante as redes digitais), para Silveira (2010, p. 65), conectou diferentes perspectivas e culturas. Desse modo, o prisma da internet atravessa as práticas culturais prescritas que, ao estar em contato – e, por vezes, atrito – frequente com outras culturas, acabam por adquirir novos aspectos. Ou, resumindo em poucas palavras, culturas também se transformam com o crescimento das redes digitais.

Porém, é equivocado conjecturar que os efeitos da internet são culturalmente compreendidos de forma homogênea, uma vez que, nas redes digitais, os mais extremos e heterogêneos olhares coexistem e se chocam. Como, para Silveira (2010, p. 15), "o ideário e as visões de mundo dos desenvolvedores estão embutidos em suas criações: nos softwares, nos códigos e nos protocolos, que permitem às redes existirem", a inteligibilidade das criações confere uma carga ideológica. Logo, a internet não é a única forma possível de as redes digitais existirem. E, por conta disso, outras alternativas de organização digital da comunicação e da informação são possíveis.

Retomando os pontos culturais levantados por Lévy, têm-se, então, que: (i) o crescimento das redes digitais resulta na movimentação de coletividades, orientando ciberculturas enquanto novas práticas culturais a partir de delineados pontos de vista que circunscrevem, delimitam, essas movimentações, e (ii) a abertura de uma nova rede digital prevê possibilidades de exploração cultural, política e econômica; contudo existem outras formas alternativas potenciais. A exploração no que tange ao ideário e realização da economia pode ser pensada extensivamente.

No momento de um capitalismo pós-industrial, a economia – sendo entendida como informacional ou imaterial – se realiza segundo uma lógica de reinvenção e inovação constante que é conjugada por uma dinâmica acelerada e ininterrupta de reprodução (SILVEIRA, 2016, p. 17). Nesse sentido, em seu livro "As revoluções do capitalismo", Maurizio Lazzarato (2006, p. 27) reconhece a diferença entre a "invenção" e "imitação" na lógica capitalista pós-industrial, evidenciando a imitação como um suplemento da invenção. Em outros termos, a sucessão da produção é a reprodução. Mais adiante no livro, Lazzarato (2006, p. 120-121) interpreta a criação e a implementação de um software como uma disjunção e coordenação simultânea entre desenvolvedores, que criam o software, e usuários, que o implementam; assim considerando que "criador" e o "usuário" tendem a se confundir no processo de criar.

No mesmo contexto, têm-se, então, que a inteligibilidade da internet passa pela noção confusa de "criador" e "usuário". Em meio a isso, o papel das empresas não é mais o de criar a mercadoria enquanto objeto de exploração, mas o de oferecer "o mundo onde esse objeto existe" (LAZZARATO, 2006, p. 98, apud SILVEIRA, 2016, p. 18.). Usuários criam informação, empresas exploram economicamente as informações criadas.

1.1 big data e banco de dados cruzado

Hal R. Varian (2014) comenta sobre outro aspecto pertinente ao contexto e às circunstâncias que acompanham a confusa situação de um usuário que cria e produz: as possibilidades de exploração de dados a partir, e além, da Big Data. Para o autor, o desenvolvimento de métodos para manipulação e análise de dados a começar do *machine learning* (aprendizado de máquina) é um ponto chave, o qual ele destrincha e divide em quatro partes: (i) extração e análise de dados, (ii) personalização e customização, (iii) experimentos e (iv) monitoramento e contratos.

(i) Extração e análise de dados. Significa que algumas técnicas somadas a estatísticas e econometrias permitem uma análise mais profunda de conjuntos de dados adquiridos, possibilitados por transações mediadas por computador. *Data science* (ciência de dados), *data mining* (mineração de dados) e *predictive analytic*[6] (análise preditiva) são exemplos de técnicas – ferramentas para a manipulação de dados –, que proporcionam uma investigação que descobre problemas, oportunidades e correlações escondidas num vasto volume de informações. O sucesso da Netflix, por exemplo, foi alcançado com um sistema de *machine learning* mais bem desenvolvido. Não foi em razão de uma mudança epistêmica, do ponto de vista econômico, que tornou a implantação e gerenciamento de um conjunto dados, antes custos fixos, custos variáveis. Ao contrário, a Netflix enxergou nos dados que as visualizações de filmes eram orientadas em sua maioria por recomendações e encarou isso como uma oportunidade. O resultado, portanto, é atribuído a uma combinação de dados, ferramentas, técnicas e expertise:

Lá em 2006, a Netflix percebeu que 75% das visualizações de filmes em sua biblioteca eram impulsionadas por recomendações. Eles criaram o "Prêmio Netflix" de 1 milhão de dólares, que seria concedido ao grupo que desenvolvesse o melhor sistema de aprendizado de máquina para recomendações, contanto que melhorasse a versão atual em pelo menos 10%. Eles forneceram dados de treinamento com cerca de 100 milhões de avaliações, 500.000 usuários e 1.800 filmes. (VARIAN, 2014, p. 27-28)[7].

(ii) Personalização e customização. Consiste num direcionamento adaptado dos dados a indivíduos. A análise de um conjunto de informações criadas e produzidas por pessoas acaba por atingir cada uma de um jeito. Ou seja, é uma adequação da análise de dados em conformidade com os gostos e necessidades de alguém, fazer com que lhe sirva melhor – feito sob medida. Nessa linha, Varian comenta do potencial que a personalização e customização do uso de dados tem de revolucionar o marketing[8]. Uma vez que a Amazon personaliza suas recomendações, e o Google suas pesquisas, serviços, publicidades e integração de aplicativos, tanto a Amazon como o Google têm dados disponíveis sobre o usuário e seu ambiente para fornecer esses serviços:

Larry Page costumava dizer que o problema com o Google era que você tinha que fazer perguntas. Deveria saber o que você quer e te contar antes mesmo de você fazer a pergunta. Bem, essa visão agora foi realizada pelo Google Now, um aplicativo que é executado em telefones Android. Um dia meu telefone vibrou e eu olhei para uma mensagem do Google Now. Dizia: "Sua reunião em Stanford começa em 45 minutos e o trânsito está intenso, então é melhor sair agora." O interessante é que eu não tinha contado ao Google Now sobre minha reunião. Ele só olhou para o meu Google Calendar, viu para onde eu estava indo, enviou minha localização atual e destino para o Google Maps e calculou quanto tempo levaria para eu chegar ao meu compromisso. (VARIAN, 2014, p. 28)[9].

(iii) Experimentos. Posto que correlação não é causalidade, um conjunto de dados não mede causalidade. Assim, os experimentos são a alternativa para discriminar efeitos causais de correlações. São os experimentos, testes, que dão luz às oportunidades de melhoria nos sistemas que exploram dados. (Nesse enquadramento, a internet é um facilitador de testes – desde experimentos de interface do usuário, de recursos e de ajuste a pesquisas de resultados de classificação e anúncios, design de produto etc.).[10]

(iv) Monitoramento e contratos. Traduz-se no fato de que computadores, por mediarem transações econômicas, abrangem a verificação de contratos e, por conseguinte, novos modelos contratuais. A complexidade de verificação de um contrato tem correlação com o quão observável é o comportamento das partes envolvidas. Logo, um contrato simples é aquele de fácil observação, enquanto um complexo, o oposto. Nesse sentido, os computadores facilitaram a verificação por monitorarem comportamentos antes não observáveis, ou percebidos com dificuldade[11]. Desse modo, novos modelos de contratos se tornaram possíveis e, assim, novos modelos de negócio. A Uber é um exemplo:

> Uber: Baixe o aplicativo no seu celular e use-o para chamar um carro Sedan preto quando precisar. Você vê o carro no mapa do seu telefone e literalmente assiste ele chegar até você. Você entra no carro, vai para onde precisa e paga automaticamente usando o telefone. Toda a transação é monitorada. Se algo der errado com a transação, você pode usar o registro informatizado para descobrir o que aconteceu. A Uber proporciona tanto ao motorista quanto ao passageiro uma experiência "sem surpresas" por meio da verificação de identidade via smartphone. (VARIAN, 2014, p. 30-31)[12].

Porém, no centro desse comentário, Varian identifica que a sujeição das pessoas ao monitoramento de seus comportamentos, "invasão de privacidade", se realiza porque elas querem o que essas empresas oferecem. Para tanto, Varian dá um exemplo pregresso ao Uber: a hipoteca. Como condicionante da hipoteca, é preciso: reportar ao banco seu relatório de crédito, apresentar sua declaração do imposto de renda e enviar sua verificação de funcionário, por exemplo. Feito isso, o banco consegue gerenciar melhor os riscos a partir dessas informações (VARIAN, 2014, p. 30).

A relação ilustrativa feita por Varian tanto trata da exploração de um grande volume dados como observa o debate sobre privacidade, mas propicia estendê-lo, uma vez que as atividades econômicas de um banco são distintas das realizadas por uma plataforma digital como é caso Uber. Equalizá-las em *pari passu* explicativo quando se discute Big Data suscita ao menos localizar dois termos: (i) banco, em virtude da comparação, e (ii) banco de dados, dado o contexto.

O que é um banco? Sandroni (1999, p. 42-43) define no Novíssimo dicionário de economia um "banco" como uma empresa que guarda dinheiro ou valores, realiza empréstimos, executa operações conexas e, ao passo que "cria" dinheiro enquanto moeda escritural por meio de depósitos e movimentações em cheque, diminui a necessidade de dinheiro para que negócios e transações sejam realizados. Versignassi (2011, p. 224) conta que, um banco faz intermédio entre pessoas comuns com algum dinheiro sobrando e pessoas comuns com algum dinheiro faltando e cobra por esse serviço, utilizando os depósitos que milhares de clientes fizeram em suas contas bancárias, eles emprestam dinheiro a pessoas ou empresas que precisam de capital. Mais adiante, a "criação de dinheiro" que Sandroni pontua é posta por Versignassi quando ele menciona o dito "fator multiplicador bancário" a partir de um exemplo anedótico no qual um dono de padaria pediu ao banco um empréstimo:

R$ 300 mil, para financiar a compra de fornos novos. Vamos imaginar que o Banco pegou os mesmíssimos R$ 300 mil que a construtora depositou lá e repassou como empréstimo, para o dono da padaria. Nisso, ele vai comprar os fornos com um dinheiro que tinha sido emprestado para você comprar um apartamento – um dinheiro que você ainda não pagou, mas que já está girando na economia. E não para aí. Alguma empresa vendeu os fornos novos para o dono da padaria. E agora ela tem os R$ 300 mil na mão. Recapitulando: a construtora recebeu R$ 300 mil. O dinheiro foi para a empresa de fornos. Só que continua no saldo da construtora. Na verdade, consta no saldo dela e também no saldo da empresa de fornos. Segundo a mecânica quântica, um elétron pode estar em dois lugares ao mesmo tempo de vez em quando. Com dinheiro é a mesma coisa. Eis mais uma lei da física financeira. Como os R$ 300 mil estão em dois lugares diferentes ao mesmo tempo, eles viraram R$ 600 mil. Preciso perguntar se para por aí? Não, né? Os R$ 600 mil logo começam a dar cria. Esse é o milagre da multiplicação que os Bancos operam. O nome técnico é "fator multiplicador bancário". E ele existe desde que Banco é Banco. Para a economia, é extremamente produtivo. (VERSIGNASSI, 2011, p.224-225).

Tem-se que um banco conecta os depósitos que seus clientes fizeram e consegue multiplicar os valores que *a priori* eles depositaram e, agora, os bancos têm à disposição. Se um banco guarda e movimenta dinheiro, um banco de dados armazena e movimenta dados. David S. Evans e Richard Schmalensee (2016) apresentam um vocabulário para tratar da "nova economia de plataformas multilado", entre os termos: *externality* (externalidade), *usage externality* (externalidade de uso) e *matchmaker*[13] (casamenteiro); esses se sobressaem já que a lógica dos bancos na promoção de conexões entre depósitos de clientes desconexos se aplica ao dinheiro e ao gerenciamento de Big Data. Robert S. Pindyck (2013) posiciona a externalidade em três diferentes searas da microeconomia que tratam de:

(i) Demandas individuais e de mercado;

(ii) Falhas de mercado; e

(iii) Ineficiências de mercado e bens públicos.

A "externalidade de uso" estaria aí localizada nas demandas individuais e de mercado, como um sentimento benéfico para as partes ao se envolverem numa troca com outra parte. Quando a demanda de uma pessoa por um bem também depende da demanda de outras, os efeitos influenciam a demanda de muitos outros produtos, i.e., há um efeito em rede que caracteriza as "externalidades em rede", como é o caso dos mercados de alta tecnologia de software, hardware e telecomunicações (PINDYCK, p. 107).

Todavia, essa mesma prática de análise cruzada de dados que orienta plataformas digitais e os novos modelos de negócio que surgiram com a internet é a mesma que suscita os debates de vigilância, monitoramento, privacidade, governança e soberania nacional[14]; haja vista, novamente, a Cambridge Analytica. (Vale o questionamento: o que seria um "fator multiplicador de dados"? Abrange também dados psicométricos? Seria justo? Simétrico? Escalável? Entre os motivos de mercados falharem, Pindyck expõe as externalidades, mas também as informações incompletas. A explicação está na parte que o autor pauta de informação, falhas de mercado e papel do governo. Na sequência, o autor dispõe um capítulo inteiro para tratar dos mercados com informação assimétrica.)

1.2 redes sociais

Assimilando as considerações de Lazzarato (sobre a noção confusa "criador" e "usuário" e o papel das empresas de não mais criar a mercadoria) junto das considerações de Varian (acerca da exploração e manipulação de dados e novos modelos de negócio), em suma, o entendimento do papel do usuário é o de criador dos dados, informações; que são o objeto, matéria-prima, fundamental para as empresas e modelos de negócio nesse momento do capitalismo pós-industrial. Tendo as redes digitais como o principal arranjo de redes de comunicação nessa fase do capitalismo, Silveira reforça essa ideia. Ele observa que na internet as propriedades cibernéticas são o principal objeto a ser explorado por novos modelos de negócios, servindo de sustentação, alicerce, do capitalismo informacional:

A internet não é somente a rede das redes que disseminam propagandas e promoções para um público segmentado, disposto a consumir e a se entregar às possibilidades das plataformas audiovisuais de alta definição interativas. Sua importância está principalmente nas suas propriedades cibernéticas. As tecnologias de informação que utilizamos são tecnologias cibernéticas. A internet é uma rede de redes de comunicação e de controle por utilizar tais tecnologias. (SILVEIRA, 2016, p. 18).

Nessa linha, a internet, além de conformar ciberculturas, é a rede em que a propriedade cibernética é criada pelos próprios consumidores. Pessoas (usuários) fornecem um mapa de dados, consumo e uso da rede enquanto insumo, fator de reprodução e fonte de lucro para empresas; é a mercantilização do próprio usuário. Silveira acaba, em certa medida, por alinhar os levantamentos de Varian no contexto da internet:

Essas trilhas que ficam armazenadas em roteadores, servidores e computadores que compõem a internet são os insumos para um tipo específico de mercado da economia informacional. Todo movimento que se faz na internet gera um registro, tudo que é comunicado deixa um rastro nas redes. Essa característica específica das redes digitais cibernéticas fomentou modelos de negócios baseados na captura, guarda e tratamento dos rastros digitais que as pessoas deixam ao utilizarem a internet. (SILVEIRA, 2016, p. 18).

Desse modo, reavendo Lazzarato e Varian paralelamente às mudanças dirigidas pela internet, cabe situar as redes sociais nesse debate, evidenciando como elas se encontram na organização da rede digital como uma forma possível de empresa (i.e., pessoa jurídica). Redes sociais são mais um "mundo" onde as informações, dados, existem e são produzidos, criadas, por usuários (LAZZARATO, 2006, p. 98, apud SILVEIRA, 2016, p. 18). Então, operam tal qual os novos modelos de negócio, manipulam dados via Big Data, *machine learning* e outros métodos para lucrar – extraindo, analisando, personalizando, customizando, experimentando e monitorando pessoas por meio de suas propriedades cibernéticas que são "como o rastro de pegadas deixadas na neve".[15]

Redes sociais são oferecidas por empresas privadas, agentes que atuam conforme seus interesses. E, por isso, aquela noção primária de que a internet fez com que a dispersão da informação ocorresse sem intermediários não se realiza, uma vez que o surgimento da internet representa uma mudança vetorial da informação. As redes sociais – que são medulares para o funcionamento da internet em sua configuração atual e, também, movem mudanças no cotidiano – são novos intermediários (NIC, 2018, p. 16-17).

É importante reiterar: redes sociais são oferecidas por empresas privadas. Pois, à medida que são um mundo para o intercâmbio de informações, acabam difundindo digitalmente as possibilidades de exercício da liberdade de expressão e, daí, pode surgir o entendimento de que são como "praças públicas digitais" – em consequência da abrangência, extensão e multiplicidade de assuntos (NIC, 2018, p. 17). Todavia, redes sociais não são um espaço público digital, ainda que algumas características possam traçar um contorno turvo e pouco transparente do seu caráter privado. A gratuidade é uma dessas características. O interesse comercial desse modelo de negócios é orientado pela publicidade, sendo assim, parte-se da premissa que quanto maior o alcance e maior a eficácia dos métodos conjecturais de aceitação, maior será o lucro da empresa. Gratuidade, nesse modelo, se traduz como maior amplitude. Outra característica é o acesso, condicionado às regras ou Termos de Uso (que nada mais são que contratos, tal qual Varian coloca). Nesse sentido, há uma sobreposição do entendimento de "praça pública" pelo de "shopping", dado que a entrada envolve a sujeição de condições e normas internas para utilização (NIC, 2018, p. 17).

Assim sendo, redes sociais são espaços privados de empresas que utilizam de métodos para capitalizar informações, dados, propriedades cibernéticas de um conjunto de usuários lá localizados digitalmente.

1.3 novos modelos de negócio

Em "Microeconomia – Uma abordagem moderna" (2015), à medida que apresenta ferramentas de análise e enfatiza conceitos fundamentais da microeconomia, Varian (2015, p. 499-500) estuda os comportamento e escolhas das empresas mediante restrições tecnológicas às formas de se produzir a partir de insumos; nesse sentido, têm-se os rendimentos de escala, que indicam uma relação entre a quantidade de um insumo em função da produção. Uma vez que, em 2003, já se produzia 800MB de informação referente a cada pessoa no mundo, junto a Peter Lyman, Varian (2005, p. 65) estima que mais de 90% da informação produzida será em formato digital – o que indica um aumento na quantidade de insumo e, em termos relativos, uma maior escalabilidade da produção. Da mesma forma, W. Brian Arthur apresenta a sugestão de que os avanços tecnológicos suscitaram a criação de dois mundos empresariais separados: um que engloba os setores de alta tecnologia, caracterizado por rendimentos crescentes de escala, e outro de setores tradicionais, caracterizado por rendimentos constantes ou decrescentes (ARTHUR, 1996, apud ZAGOTTIS, 2008, p. 454-458). Com os avanços e transformações tecnológicas e digitais, informação é predicado de crescimento.

Percorrida a avaliação preliminar de Big Data, bancos de dados e esses novos modelos de negócio, cabe verificar como a informação se apresenta no funcionamento dos mercados informacionais[16]. (Não se trata de uma simples abstração acadêmica, é uma perspectiva com valor altamente explicativo na análise de instituições e condições de mercado nas economias.) Posto isso, para discutir

em profundidade os crescentes modelos de negócio –
dado que a internet estabelece uma realidade na qual
a informação é inerente à produção e a informação
é concentrada por empresas mediante usuários –, é
adequado compreender as análises de mercados com
informação assimétrica.

CAPÍTULO 2

MERCADOS COM INFORMAÇÃO ASSIMÉTRICA

Por vezes a teoria econômica ao investigar relações comerciais assumiu que consumidores e produtores possuíam informações completas, perfeitas, simétricas. No entanto, a partir da existência de fenômenos sobre os quais o modelo de informação perfeita nada tinha a dizer – ou simplesmente encarava como inconsistente ou inexplicável dentro do paradigma clássico –, irromperam novas abordagens (STIGLITZ, 1985, p. 21).

A Teoria da Informação Assimétrica reflete sobre esses fenômenos "inexplicáveis"; reorientando a maneira como a análise econômica encara problemas; promovendo uma crítica fundamental ao paradigma tradicional. A análise da diferença de informações assimétricas, e imperfeitas (quando algumas partes possuem mais, e diferentes, informações do que outras) indica que a análise clássica dos problemas econômicos, falhas de mercado, é incompleta

(STIGLITZ, 1985, p. 30). Se o paradigma posto tratava as falhas de mercado como exceção, constituindo assim uma exceção à regra de funcionamento perfeito do mercado, a assimetria encara por outro ângulo.

Joseph Stiglitz, tal qual outros pesquisadores, não se convence de que a realidade rima com "o melhor dos mundos", que no caso corresponde ao "mundo eficiente de Pareto". Para ele, a economia lida, por essência, com imperfeições:

> Se os teoremas centrais que argumentavam que a economia era eficiente de Pareto – que, de alguma forma, estávamos vivendo no melhor dos mundos possíveis – fossem verdadeiros, parecia-me que deveríamos estar nos esforçando para criar um mundo diferente. Como estudante de pós-graduação, propus-me a tentar criar modelos com suposições – e conclusões – mais próximas daquelas que se alinhavam com o mundo que eu via, com todas as suas imperfeições. (STIGLITZ, 2001, p. 473)[17].

Dentro dessa abordagem de inconformidade com "o mundo eficiente de Pareto"[18], Stiglitz reconhece que os mercados nunca são essencialmente restritos à eficiência de Pareto, dada a existência de imperfeições. A relação problemática entre informação e o equilíbrio de mercado é persistente. Desse modo, as falhas de mercado são generalizadas – i.e., são presentes e amplamente propagadas por toda a economia:

> A visão essencial de Greenwald e Stiglitz [1986] foi reconhecer que efeitos semelhantes a externalidades são difundidos sempre que a informação é imperfeita ou os mercados são incompletos - o que é sempre o caso - e, como resultado, os mercados essencialmente nunca são eficientes de Pareto. Em resumo, as falhas de mercado são generalizadas. (STIGLITZ, 2001, p. 505)[19].

Assim sendo, a fim de marcar a dificuldade de se imaginar como seria um mundo composto unicamente com informações perfeitas e seus respectivos desdobramentos, se faz necessário também pontuar a diferença entre a presença e observação da informação imperfeita em função de uma situação de assimetria de informação.

Informação imperfeita é a abordagem das falhas de mercado – que serve como instrumento de interpretação e análise econômica frente ao "mundo perfeito e eficiente de Pareto". De modo geral, posto que a informação perfeita é aquela completa, transparente, no tempo e no espaço ideal, simétrica, tem-se apenas uma única forma de informação perfeita. Por outro lado, as inúmeras outras formas possíveis são o que caracterizam a informação imperfeita.

A informação assimétrica é uma forma de imperfeição. Dado que pessoas diferentes sabem de coisas diferentes, a situação de assimetria de informação é apresentada quando o comprador e o vendedor possuem informações diferentes:

Grande parte da pesquisa que descreverei a seguir concentra-se nas assimetrias de informação, no fato de que pessoas diferentes sabem coisas diferentes: os trabalhadores sabem mais sobre sua habilidade do que a empresa; a pessoa que compra um seguro sabe mais sobre sua saúde, se fuma e bebe imoderadamente, do que a seguradora; o proprietário de um carro sabe mais sobre o carro do que os compradores em potencial; o proprietário de uma empresa sabe mais sobre a empresa do que um investidor em potencial; o mutuário sabe mais sobre seu risco e disposição ao risco do que o credor. A característica essencial de uma economia de mercado descentralizada é que pessoas diferentes sabem coisas diferentes; nesse sentido, os economistas já há muito tempo pensavam em mercados com assimetrias de informação. (STIGLITZ, 2001, p. 488)[20].

Considerações acerca da assimetria de informação, portanto, são centrais para inúmeras análises econômicas. A teoria dos mercados com informações assimétricas tem sido um campo vital e ativo da pesquisa econômica. Em 2001, George Akerlof, Michael Spence e Joseph Stiglitz receberam o Prêmio Nobel "por suas análises de mercados com informação assimétrica", suas contribuições estabeleceram as bases para esse campo do pensar econômico.

De modo geral, George Akerlof demostrou que a situação de informação, assim ética, pode resultar no problema de seleção adversa nos mercados. Em razão da assimetria, mediante a incerteza da qualidade de produtos, potenciais compradores tendem a escolher produtos de baixa qualidade e pouquíssimos de alta qualidade. Michael Spence mostrou que um agente bem informado pode melhorar seu resultado no mercado, sinalizando suas informações privadas para agentes mal informados. Vendedores podem enviar sinais a compradores e, dessa maneira, transmitir certas informações sobre a qualidade do produto. Joseph Stiglitz mostrou que um agente desinformado às vezes pode capturar as informações de um agente mais bem informado através de uma filtragem. Por exemplo, seguradoras podem dividir seus clientes em classes de risco e oferecer alguns incentivos eficazes, a fim de "revelar" informações, a real situação de risco dos clientes.

Este capítulo, partindo dessas considerações, apresentará a teoria de mercados com informação assimétrica, com base nas contribuições e fundamentos desenvolvidos pelos três pesquisadores referidos, que constituem o núcleo da economia moderna da informação: Akerlof, Spence e Stiglitz.

2.1 George Akerlof: um problema, a seleção adversa

O mercado de automóveis usados é um dos principais exemplos para ilustrar a presença de seleção adversa. Ao relacionar qualidade e incerteza, George A. Akerlof em *The Market for Lemons: Quality and Uncertainty and the Market Mechanism* (1970) formaliza a seleção adversa como uma forma de falha de mercado provocada por informação assimétrica, pois o vendedor do automóvel usado sabe muito mais a respeito do veículo do que o comprador em potencial. Como resultado temos a seleção adversa, que nesse exemplo é identificada quando automóveis de baixa qualidade expulsam do mercado os automóveis de alta qualidade.

Suponhamos uma situação na qual uma pessoa adquiriu um automóvel novo, mas depois de rodar cerca de 100 quilômetros, mesmo não havendo nada de errado e em plenas condições de funcionamento, simplesmente conclui que não queria mais tê-lo e, portanto, decide vender o automóvel. No mercado analisado, têm-se que os carros usados podem ser de alta ou baixa qualidade:

> Há carros novos e carros usados. Há bons carros e carros ruins (que nos Estados Unidos da América são conhecidos como "limões"). Um carro novo pode ser um bom carro ou um 'limão', e, é claro, o mesmo se aplica aos carros usados. (AKERLOF, 1970, p. 489)[21].

Dito isto, a probabilidade posta é de conhecimento dos compradores, ou seja, os compradores sabem que comprarão ou um carro de alta qualidade ou um "limão"; porém não sabem necessariamente qual. Assim se configura o problema de assimetria de informação: de um lado temos o vendedor que conhece a qualidade do seu produto e do outro, o potencial comprador incerto da qualidade do produto em questão.

A partir disso, reavendo a suposição supracitada, um comprador em potencial daquele automóvel que percorreu aproximadamente 100 quilômetros se questionaria: ele está com algum problema? Tem alguma coisa errada com ele? Se está em plenas condições, por que o proprietário quer se desfazer dele? Esse carro é de alta qualidade ou é um "limão"? (No caso, o fato de o veículo estar à venda indica que há possibilidade real de se tratar de um "limão".) Logo, à luz da assimetria de informação, o potencial comprador de automóveis usados sempre suspeita da qualidade do produto devido à incerteza. Como saída, numa negociação os compradores acabam por estimar que a totalidade de automóveis tem "qualidade média", no sentido de que a probabilidade de adquirir um automóvel de alta qualidade é a mesma de adquirir um de baixa qualidade. (Obviamente que, depois de adquirir o carro, e dirigi-lo, o comprador terá conhecimento de sua verdadeira qualidade. Até lá o critério adotado é, inicialmente, de que as chances são de 50% de um carro ser de alta qualidade.)

Como resultado, à medida que os compradores reduzem suas expectativas a respeito da qualidade média dos produtos no mercado, a demanda por produtos de alta qualidade se desloca, atingindo um nível de preços inferior. O mesmo acontece com a percepção da curva de demanda para produtos de baixa qualidade, mas no sentido contrário. É atingido um nível de preços superior ao que é ideal.

O resultado? Cai a quantidade de produtos de alta qualidade a serem vendidos no mercado, enquanto a de baixa qualidade aumenta. (No exemplo, os detentores de carros de alta qualidade não se interessam em vendê-los a preços tão irrisórios, abaixo do ideal, causando uma queda na venda de carros usados – só os proprietários de carros "limão" irão vendê-los a preços inferiores.) Por essa razão, a incerteza faz com que automóveis usados (sendo de alta ou baixa qualidade) sejam vendidos por muito menos do que os automóveis novos.

Como efeito da assimetria de informação, esse mercado de seleciona produtos de baixa qualidade e expulsa os de alta qualidade.

2.2 Michael Spence: um mecanismo, a sinalização

Michael Spence (1973) identificou uma forma importante de ajuste por parte dos participantes individuais do mercado, e a começar daí formalizou, demonstrou e analisou as implicações da sinalização de mercado. Sob a perspectiva já vista de que as informações assimétricas podem, por vezes, acabar no problema de limões (quando compradores, por saberem menos que os vendedores a respeito da qualidade de determinado produto, presumem que seja de baixa qualidade, reduzindo, assim, os preços e, por conseguinte, apenas produtos de baixa qualidade passam a ser vendidos) a sinalização é uma solução possível para o problema de seleção adversa.

Como indivíduos mais bem informados em um mercado podem transmitir, "sinalizar", com credibilidade, suas informações para indivíduos menos informados, de modo a evitar alguns dos problemas associados à seleção adversa?

A sinalização exige que os agentes econômicos tomem medidas observáveis e onerosas para convencer os outros agentes de sua capacidade ou, de modo mais geral, do valor ou da qualidade de seus produtos. É o processo pelo qual (numa situação de assimetria de informação) a parte mais bem informada pode enviar sinais à menos informada, transmitindo informações sobre a qualidade de um produto. Por esse motivo, é um importante mecanismo pelo qual os agentes econômicos podem lidar com os problemas de seleção adversa.

Pesquisas subsequentes contribuíram ao enquadrar essa ideia em diversas situações. Um bom exemplo de aplicação desse conceito é o modo que empresas podem usar dividendos[22] para sinalizar sua lucratividade para os agentes no mercado de ações. Contudo, em sua própria pesquisa, Spence foca no mercado de trabalho, e como a educação pode ser um sinal de produtividade.

A priori, o autor reparou na existência de dois tipos de sinalização no mercado de trabalho: aquelas que eram fixas, sobre as quais o trabalhador não possui qualquer influência (por exemplo, idade, sexo, raça e assim por diante) e aquelas que podem ser alteradas por ele, caso esteja disposto a investir para esse fim (por exemplo, educação). Às primeiras, chamou de "índices"; às outras, "sinais". No modelo de mercado de trabalho analisado, haveria também dois tipos de trabalhadores: de alta e de baixa produtividade.

O mercado de trabalho constitui, então, um bom exemplo de mercado com informações assimétricas, pois ao passo que uma empresa ("compradora de mão de obra"), esteja considerando a possibilidade de contratar alguns funcionários, os potenciais novos funcionários ("vendedores de mão de obra") se conhecem muito mais – i.e., sabem muito mais a respeito da qualidade do trabalho que podem oferecer do que o empregador.[23]

Por isso, à medida que o empregador também vai buscar por características específicas que denunciem dados relativos à produtividade desses indivíduos (antes que sejam contratados), como solução, potenciais funcionários podem transmitir informações importantes a respeito de sua própria produtividade. É o caso de se vestir bem para a entrevista, por exemplo. Pode fornecer certas informações interessantes, inicialmente. Entretanto, indivíduos pouco produtivos também podem se vestir bem. É um sinal fraco. Desse modo, já que não ajuda muito na distinção de indivíduos de alta produtividade e de baixa produtividade, ou seja, vestir-se bem é um sinal fraco.

Para ser forte, um sinal deve ser mais facilmente transmitido por pessoas de alta produtividade do que por indivíduos de baixa produtividade, de tal modo que possa ser encontrado com mais frequência entre os indivíduos de alta produtividade. Educação, portanto, é um sinal forte no mercado de trabalho.

O grau de instrução pode ser mensurado de várias maneiras. Anos de escolaridade, títulos, média de notas, reputação da instituição de ensino, são alguns exemplos. Além de fornecer informações, habilidades e conhecimentos gerais da pessoa, que podem, de fato, ser úteis no trabalho, têm-se que indivíduos mais produtivos têm mais facilidade para alcançar níveis elevados de educação. O ponto é que a educação é importante para que empregadoras consigam selecionar trabalhadores de acordo com a sua produtividade.[24]

Indivíduos de alta produtividade querem ser identificados como altamente produtivos – e como a educação poder emitir esse sinal estarão dispostos a obtê-la; mesmo que em nada contribua para aumentar sua produtividade. (A educação, portanto, é um sinalizador direto e indireto de produtividade..)

Spence considera a contratação como um investimento. Sob a incerteza, o empregador desconhece as capacidades e produtividade de um indivíduo no momento da contratação, o que configura uma decisão arriscada, com probabilidade de insucesso:

Na maioria dos mercados de trabalho, o empregador não tem certeza das capacidades produtivas de um indivíduo no momento em que o contrata. Essas informações também podem não estar disponível ao empregador imediatamente após a contratação.

O trabalho pode levar tempo para ser aprendido. Muitas vezes, é necessário treinamento específico. E pode haver um período de contrato dentro do qual não é permitido renovar o contrato. O fato de levar tempo para aprender as capacidades produtivas de um indivíduo significa que a contratação é uma decisão de investimento. O fato de que essas capacidades não são conhecidas de antemão torna a uma decisão sob incerteza. (SPENCE, 1973, p. 356)[25].

Desse modo, a situação de equilíbrio é aquela na qual os investimentos dos indivíduos feitos em educação sejam notados e identificados como tal pelos empregadores, estabelecendo a correlação entre a existência do sinal e a produtividade do indivíduo (SPENCE, 1973, p. 360). Orientando os empregadores à uma decisão, escolha, seleção, eficiente.

Em um mercado com informação assimétrica, haverá um problema de alocação de recursos (ou seja, de alocar as pessoas certas no trabalho certo) em razão da incerteza envolvida no investimento. Nesse sentido, a sinalização busca, justamente, resolver essa falha.

2.3 Joseph Stiglitz: uma estratégia, a filtragem

Equilibrium in Competitive Insurance Markets: An Essay on the Economics of Imperfect Information (1976), um dos artigos clássicos de Stiglitz em coautoria com Michael Rothschild, demonstrou formalmente como os problemas de informação podem ser tratados nos mercados de seguros. Este trabalho é um complemento óbvio para as análises de Akerlof e Spence, examinando quais ações os agentes desinformados podem realizar em um mercado com informações assimétricas. Os autores formulam, assim, a hipótese de filtragem.

A filtragem é, como a sinalização de mercado, uma forma de solucionar o problema da seleção adversa. Contudo, se na sinalização aquele que realiza o primeiro movimento é a parte mais bem informada, na filtragem quem dá o primeiro passo é a desinformada.

Stiglitz e Rotchschild (1976, p. 630), inicialmente, descrevem as funções de oferta e demanda dos participantes do mercado. Como esse mercado funciona? Existem dois tipos de participantes: indivíduos que compram seguros e empresas que os vendem. Uma empresa seguradora não tem informações sobre a situação de risco de clientes individuais e, por isso, oferece contratos que especificam a quantidade e preço do seguro. Dessa maneira, os clientes fornecem informações do seu próprio perfil de risco; é uma espécie de autosseleção. A empresa seguradora consegue colher informações da probabilidade de acidentes de um cliente individual e, portanto, distingue-os entre diferentes classes de risco entre seus segurados. Com esse tipo de informação, as empresas que vendem seguros são capazes de identificar a lucratividade de cada contrato e, daí, excluir aqueles que lhe darão prejuízo. Ou seja, filtra pessoas com maior risco e atrai pessoas com menores chances de se acidentar; oferecendo-lhes a escolha de um menu de contratos alternativos.

Filtragem é, portanto, consequência da resposta da parte informada em relação aos estímulos da menos informada. Isso porque as informações fornecidas revelarão informações necessárias para segregar perfis, classes, categorias – diminuindo o risco envolvido.

De modo geral, para além da filtragem, as contribuições de Stiglitz – junto a seus numerosos coautores – comprovaram reiteradamente que os modelos econômicos que desconsideram as assimetrias informacionais podem ser bastante enganosos. A mensagem comum que perpassa sua obra tem sido que, à luz da informação assimétrica, muitos mercados assumem uma aparência completamente diferente.

Stiglitz analisou as implicações da informação assimétrica em contextos variados[26]. Muitos de seus ensaios deram saltos para pesquisas subsequentes nesse campo do pensar econômico. (Desde seu o trabalho com Andrew Weiss sobre os mercados de crédito com informações assimétricas até o "paradoxo de Grossman-Stiglitz", fruto da análise da eficiência nos mercados financeiros feita em colaboração com Sanford Grossman. A lista é extensa.)

As muitas contribuições de Joseph Stiglitz transformaram a maneira como os economistas pensam sobre o funcionamento dos mercados. Ele mostrou que a informação assimétrica não é uma simples abstração acadêmica, é uma perspectiva com valor altamente explicativo de longo alcance na análise de instituições e condições de mercado nas economias em desenvolvimento – que ainda tem muito a descobrir:

> Minha pesquisa ao longo dos últimos trinta anos concentrou-se, no entanto, em apenas um aspecto da minha insatisfação com esse paradigma. Não é fácil mudar visões de mundo, e me pareceu que a maneira mais eficaz de questionar o paradigma era permanecer o máximo possível dentro do quadro padrão. Apenas variei uma suposição – a suposição relacionada à informação perfeita – e de maneiras que pareciam altamente plausíveis. Desde o início, alguns objetaram que abrir o modelo para as possibilidades de informação imperfeita era como abrir uma caixa de Pandora: havia muitas maneiras pelas quais a informação poderia ser imperfeita. (STIGLITZ, 2001, p. 518-519)[27].

CAPÍTULO 3

RENDIMENTOS CRESCENTES DE ESCALA

lfred Marshall, em sua obra seminal "Princípios de Economia" (1890), apresenta a lei de rendimentos (ou retornos) crescentes de escala. O rendimento crescente é o resultado essencialmente dinâmico relativo à proporção de aumento do produto mediante um dado incremento dos fatores de produção (insumos) empregados: "Um aumento de trabalho e capital leva geralmente a uma organização melhor, que aumenta a produtividade da ação do trabalho e do capital." (MARSHALL, 1996, p. 362). Afinal de contas, se a produção cresce mais que o dobro quando se dobram os insumos, então há rendimentos crescentes de escala.

Considerando as condições do século XIX, a compreensão de rendimentos crescentes é antiga. O modelo de análise de Marshall desconsidera a questão da acumulação e não trata da diferenciação na indústria – o que vai de acordo com as suposições de concorrência perfeita, expressas no conceito de "firma típica". Tudo isso prejudica o que seria uma abordagem apropriada dos rendimentos crescentes, uma vez que é baseado fundamentalmente no entendimento de rendimentos decrescentes (SOUZA, 1980, p. 124). Tanto que ao circunscrever a aplicação da lei, Marshall brevemente completa que "nas indústrias que não se aplicam à extração de produtos primários, um aumento de trabalho e capital geralmente rende acima do proporcional; e, além disso, essa organização melhorada tende a diminuir ou mesmo anular qualquer resistência maior que a natureza ofereça para a obtenção de quantidades superiores de produtos primários" (MARSHALL, 1996, p. 362).

Marshall, portanto, encara a lei de rendimentos crescentes por um ângulo obtuso diante das "indústrias que não se aplicam à extração de produtos primários", denotando *a priori* esta como característica distintiva determinante de uma indústria com rendimentos crescentes. A análise de Marshall dos rendimentos crescentes é, desse modo, limitada ao escopo histórico e econômico da sua realidade. À vista disso, W. Brian Arthur (1996) em seu artigo *Increasing Returns and the New World of Business* deixa claro que enxerga os rendimentos crescentes por um ângulo mais agudo.

Para ele, a visão de Alfred Marshall e seus contemporâneos não explica os resultados de mercados e empresas de alta tecnologia. Passado mais de um século desde os anos de 1880 e 1890, os avanços tecnológicos mudaram a economia, de modo a dividi-la em dois mundos diferentes. As economias modernas se bifurcaram em mundos com comportamentos, estilos, culturas, técnicas de gestão e estratégias distintos. O "mundo de rendimentos crescentes" exige um entendimento diferente do "mundo de Alfred Marshall".

O "mundo de Alfred Marshall" é um mundo de setores tradicionais, marcado por rendimentos constantes ou decrescentes de escala. Dedicados ao processamento de recursos cuja produção envolve em grande parte repetição, tal qual commodities, grãos, gado, metais e minérios, alimentos, produtos de varejo entre outros. Nesse mundo, uma suposição coerente seria que, caso houvesse uma expansão da produção de café, por exemplo, haveria retornos decrescentes. Isso porque levaria a produção a terras menos adequadas (mais ineficientes), assim, a produção aumentaria proporcionalmente menos que o acréscimo de quantidade de insumos. (Nenhuma novidade.)

O "mundo de rendimentos crescentes" é representado nas indústrias de alta tecnologia, intensivas em conhecimento. Nesse mundo, os retornos decrescentes de Marshall são revertidos em retornos crescentes. O resultado? Ao contrário do que John Hicks (1939, apud ARTHUR, 1996, p. 3) atesta, admitir retornos crescentes não destruiu a maior parte da teoria econômica. Os rendimentos crescentes, segundo Arthur, complementam a teoria padrão. O autor enfatiza a extensa presença deles nos setores de alta tecnologia e ainda afirma que não se trata de uma anomalia, o "mundo de rendimentos crescentes":

> "Nos primeiros dias do meu trabalho sobre retornos crescentes, disseram-me que eram uma anomalia. Como alguma partícula exótica na física, poderiam existir na teoria, mas seriam raras na prática. E se realmente existissem, durariam apenas alguns segundos antes de serem arbitradas. Mas, até meados da década de 1980, percebi que os retornos crescentes não eram nem raros nem efêmeros. Na verdade, uma parte significativa da economia estava sujeita a retornos crescentes – a alta tecnologia." (ARTHUR, 1996, p. 3)[28].

Arthur aponta três mecanismos que geram rendimentos crescentes nesse tipo de indústria, são eles: (i) elevados custos fixos, (ii) efeitos de rede e (iii) curvas de aprendizado dos consumidores.

(i) Elevados custos fixos. No que tange P&D[29], produtos de alta tecnologia exigem expertise. São complexos para se produzir. Por um lado, muito conhecimento intenso é empregado no processo produtivo e, por outro, são produtos que têm poucos recursos. Sendo assim, eles geralmente possuem elevados custos fixos relacionados a P&D. (Comparados aos custos unitários de produção são ainda mais altos, pois os custos unitários caem à medida que as vendas aumentam.[30])

(ii) Efeitos de rede. Trata-se do cruzamento de produtos de alta tecnologia que são compatíveis. Muitos produtos se entrelaçam a fim de articular uma ampliação de base de usuários. Ao mesmo tempo que aumenta os benefícios proporcionados aos usuários em geral ao possibilitar o intercâmbio entre eles, promove, estimula o desenvolvimento de serviços, produtos e tecnologias complementares. (Os efeitos de rede agregam e fazem crescer a ecologia de produtos e serviços baseados no uso intenso de conhecimento e alta tecnologia.) Por exemplo:

> Então, se muitos softwares baixáveis na Internet em breve aparecerão como programas escritos na linguagem Java da Sun Microsystems, os usuários precisarão ter o Java em seus computadores para executá-los. Java tem concorrentes. Mas quanto mais ele ganha prevalência, maior é a probabilidade que se torne um padrão. (ARTHUR, 1996, p. 3)[31].

(iii) Curvas de aprendizado dos consumidores. Compreende a instrução dos usuários no uso de produtos de alta tecnologia. Retomando, tais produtos são complexos e têm muito conhecimento intenso empregado no processo produtivo, pressupõe-se que são difíceis de usar. Por isso, depois que os consumidores entendem o modo de lidar com esses produtos, as curvas de aprendizado são aproveitadas no desenvolvimento de versões subsequentes. (Sendo assim, esse aprendizado basal dos consumidores de produtos de alta tecnologia pode ser apropriado por um ecossistema de firmas, setores econômicos e grupo de setores.) Desse modo, quanto "mais [um] mercado é conquistado, torna-se mais fácil capturar mercados futuros" (ARTHUR, 1996, p. 3).[32]

Nessa linha, Arthur afirma que a dinâmica resultante desses mecanismos torna o mercado de alta tecnologia instável. A tecnologia vem em ondas. Por consequência, como a dinâmica econômica não é igual a de setores tradicionais, a competição nas indústrias baseadas no conhecimento também é diferente. O foco da competição é descobrir: qual é a próxima galinha dos ovos de ouro? O gerenciamento é redefinido, reorientado, para a missão de encontrar "O Próximo Grande Feito".[33] (Essa mudança atrela o futuro e sobrevivência da empresa às ideias que surgem da sugestão de funcionários. Como resultado, afrouxam-se as rédeas, os funcionários não são mais tratados como funcionários, apenas. São tratados como iguais no negócio do sucesso da empresa. São peças-chave. O que representa uma mudança radical nas noções hierárquicas e culturais estabelecidas no mundo empresarial.) O autor relaciona a competição e a instável dinâmica do "mundo dos rendimentos crescentes" a um jogo de cassino. Ambas as situações são muito arriscadas e incertas:

> Podemos imaginar as principais figuras em alta tecnologia - os Gateses, Gerstners e Groves de suas indústrias - circulando em um grande cassino. Em uma mesa, um jogo chamado multimídia está começando. Em outra, um jogo chamado serviços web. No canto, está a banca de serviços bancários eletrônicos.

> Existem muitas mesas assim. Você se senta em uma. Quanto custa para jogar? você pergunta. Três bilhões, responde o crupiê. Quem estará jogando? Não saberemos até que apareçam. Quais são as regras? Elas surgirão à medida que o jogo se desenrola. Quais são as minhas chances de ganhar? Não podemos dizer. Ainda quer jogar? (ARTHUR, 1996, p. 4)[34].

Como é tudo muito nebuloso, incerto e arriscado, os jogadores que conseguirem entender previamente a forma do próximo jogo têm uma vantagem. As regras mudam e, portanto, a galinha dos ovos de ouro. O cenário é de instabilidade, e, para sobreviver, as empresas precisam se adaptar. Adaptar seus propósitos, objetivos, *modus operandi*. Trata-se de uma adaptação contínua e infindável. Adaptação, no mundo dos retornos crescentes, especialmente em alta tecnologia, se traduz como observar os pormenores da próxima onda, identificar qual forma ela terá e como surfar nela. É a adaptação que faz movimentar os negócios com retornos crescentes.

É partindo, então, da condição de adaptação colada aos rendimentos crescentes que Arthur trata de estratégias de gerência dos retornos crescentes à disposição das empresas para a captura de mercados e capitalização:

(i) Grandes descontos iniciais para construção de uma base instalada;

(ii) Vínculo com ecologias a fim de impulsionar a base de usuários; e o

(iii) Gerenciamento ativo de feedbacks.[35]

Em virtude dos elevados custos fixos iniciais em P&D, por vezes, empresas definem altos preços buscando recuperar o investimento feito. É um equívoco comum. A estratégia de grandes descontos iniciais visa, num primeiro momento, se estabelecer nesse mercado altamente competitivo para, então, explorar a base instalada e transformá-la em lucros posteriores. No entanto, os produtos tecnológicos não são independentes, necessitam de outros produtos e outras tecnologias para impulsionar sua base de usuários. Ou seja, efeito de rede. Isso porque a interdependência entre ecologias é uma estratégia que abre margem para uma ampliação do potencial analítico das curvas de aprendizado dos consumidores. Ampliam os feedbacks à disposição das empresas para a tecnologia de base.

Logo, o uso dessas estratégias no mundo empresarial dos setores de alta tecnologia, em suma, tem como ponto-chave o processamento, compreensão e gerenciamento de feedbacks. Em outras palavras, entender as necessidades dos consumidores para, a partir daí, encontrar a próxima galinha dos ovos de ouro.

Percorrida as considerações de W. Brian Arthur, para se estabelecer uma análise entre os temas apresentados, este capítulo apresentará uma interlocução entre os novos modelos de negócio de alta tecnologia (que nasceram das transformações propostas pela internet e exploram economicamente dados) e os mercados com informação assimétrica ante a relação de rendimentos crescentes de escala – tendo como recorte as FAANG.

3.1 Faang e as platafromas digitais

FAANG (Facebook Inc., Amazon.com Inc., Apple Inc., Netflix Inc. e Google LLC) é um acrônimo das cinco maiores empresas privadas de tecnologia do mundo. FAANG compreende exemplos de plataformas digitais e intermediários que exploram economicamente informação em seus respectivos segmentos. As cotações das FAANG Stocks[36] (ou ações FAANG) são historicamente valorizados, porém não são empresas que costumam pagar dividendos (ver Gráfico1 e Tabela 1).

Gráfico 1: Variação percentual das cotações das FAANG Stocks (NASDAQ) – de 2010 a 2020.

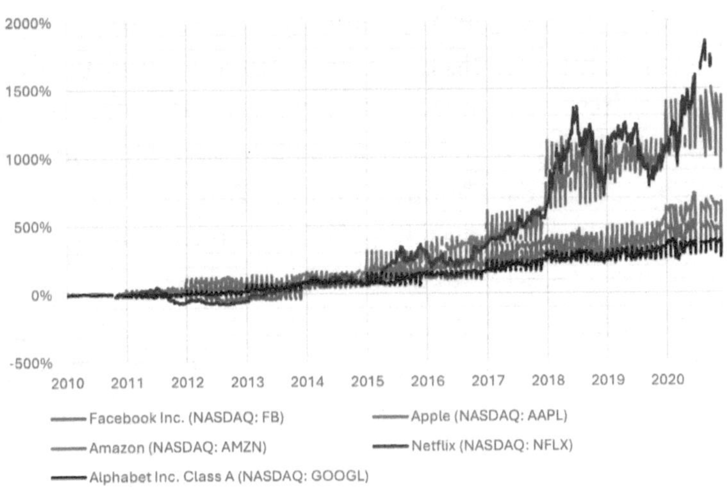

Fonte: NASDAQ. Elaboração própria.

Tabela 1: Dividendos acumulados das FAANG Stocks (NASDAQ) em \$ – de 2010 a 2019.

	Facebook Inc. (NASDAQ: FB)	Apple (NASDAQ: AAPL)	Amazon (NASDAQ: AMZN)	Netflix (NASDAQ: NFLX)	Alphabet Inc. Class A (NASDAQ: GOOGL)
2010	-	-	-	-	-
2011	-	-	-	-	-
2012	-	5,3	-	-	-
2013	-	11,8	-	-	-
2014	-	7,28	-	-	-
2015	-	2,03	-	-	-
2016	-	2,23	-	-	-
2017	-	2,46	-	-	-
2018	-	2,82	-	-	-
2019	-	3,04	-	-	-

Fonte: NASDAQ. Elaboração própria.

Todas as cotações referidas apresentam uma trajetória ascendente. No entanto, a Apple foi a única das cinco a distribuir parte dos seus lucros aos acionistas. A partir disso, em suma, têm-se que os investimentos nas ações do Facebook, Amazon, Apple, Netflix e a Alphabet Inc. não se dão pela sua remuneração, mas pela valorização e variação das cotações.

Quando confrontados com dados de empresas listadas no NYSE Composite[37] (ver Gráfico 2 e Tabela 2), observa-se o contraste, principalmente na emissão de dividendos. Mesmo que as trajetórias dessas cotações no período de 2010 a 2019 não sejam convergentes com as variações percentuais das FAANG, não há evidências suficientes nessa contraposição que atestem a inexistência de rendimentos crescentes nesse grupo de papéis. (Observando a evolução das cotações desse conjunto de empresas listadas na Bolsa de Nova York a datar do início de negociação dessas ações, nota-se nitidamente um desempenho crescente dos preços. De fato, elas não se encaixam no "mundo dos rendimentos crescentes". São outras as características observadas e atribuídas por Arthur (1996) a esse mundo. Porém, os rendimentos crescentes de escala não são um atributo exclusivo do "mundo dos rendimentos crescentes". Empresas para além do conhecimento e alta tecnologia podem efetivamente ter retornos crescentes.)[38]

Gráfico 2: Variação percentual das cotações de empresas listadas no NYSE Composite (NYSE) – de 2010 a 2020.

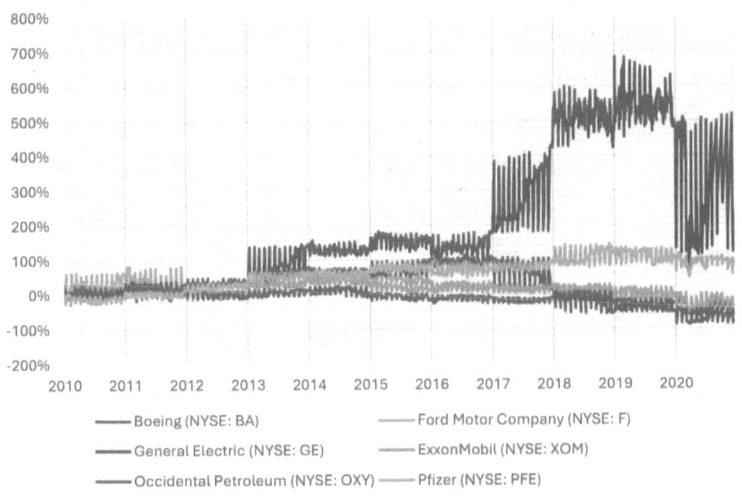

Fonte: NYSE. Elaboração própria.

Tabela 2: Dividendos acumulados de empresas listadas no NYSE Composite (NYSE) em \$ – de 2010 a 2019.

	Boeing (NYSE: BA)	Ford Motor Company (NYSE: F)	General Electric (NYSE: GE)	Occidental Petroleum (NYSE: OXY)	Pfizer (NYSE: PFE)	ExxonMobil (NYSE: XOM)
2010	1,68	-	0,46	1,47	0,72	1,74
2011	1,68	-	0,61	1,84	0,8	1,85
2012	1,76	0,2	0,7	2,16	0,88	2,18
2013	1,94	0,4	0,79	2,56	0,96	2,46
2014	2,92	0,5	0,89	2,88	1,04	2,7
2015	3,64	0,6	0,92	2,97	1,12	2,88
2016	4,36	0,6	0,93	3,77	1,2	2,98
2017	5,68	1,05	0,72	3,06	1,28	3,06
2018	6,84	0,6	0,26	3,1	1,36	3,23
2019	6,165	0,6	0,05	3,14	1,44	3,43

Fonte: NYSE. Elaboração própria.

No entanto, dentre os sinais condizentes com a ideia de rendimentos crescentes, destaca-se a súbita oscilação das FAANG. Circunstância essa que corrobora o pressuposto de remuneração via variação das cotações, assinalado que o tempo em que as variações das FAANG atingiram níveis de valorização foi consideravelmente menor em relação ao outro conjunto de ações referenciadas.

3.1.1 Encadeamento teórico

Um dividendo é uma parcela dos lucros de uma empresa. Emitir dividendos é uma ação dispendiosa – está indo dinheiro para os acionistas, não para o caixa da empresa. Dividendos, mesmo sendo por definição uma espécie de custo para a empresa, é uma prática estimulada, porque o pagamento de altos dividendos sinaliza ao mercado boa condição financeira no que tange lucratividade. Tal qual no modelo de Spence (1973), em que indivíduos de alta produtividade querem ser identificados como altamente produtivos, empresas querem ser apontadas como altamente lucrativas. Os dividendos significam um custo para a empresa, pois ela está tirando dinheiro de seu caixa e entregado a seus acionistas. Contudo, existe um incentivo para esse tipo de posicionamento, já que o pagamento de altos dividendos sinaliza ao mercado que a empresa em questão é lucrativa, gozando de boa condição financeira. Com isso, empresas em más condições financeiras, em geral, não pagarão dividendos, uma vez que dificulta a situação de caixa. Os custos envolvendo a emissão de dividendos superariam os benefícios da sinalização de mercado. Logo, *a priori*, somente empresas com bons projetos de investimentos irão distribuir seus lucros e dividendos.

No entanto, dentre as FAANG apenas a Apple sinalizou a distribuição de parte dos seus lucros aos acionistas. Empresas do setor da tecnologia raramente oferecem dividendos. Assim, têm-se que as empresas de alta tecnologia sinalizam que seu lucro está sendo reinvestido – o foco é a reinvenção e inovação constante. Enquanto no "mundo de Marshall" empresas tradicionais se inclinam à frequente emissão de dividendos visando maximizar a riqueza dos acionistas e passar o recado de que são rentáveis, empresas cujos produtos e serviços se baseiam no uso intenso de conhecimento buscam deixar claro que elas estão "no jogo". No "mundo dos rendimentos crescentes" a sinalização prioriza a adaptação contínua.

Essa adaptação é inerente ao cenário competitivo. Através da caça pela galinha dos ovos de ouro – a busca pelo próximo produto de alta tecnologia – se descobre nos pormenores dos dados qual será a próxima onda. Em outras palavras, "a próxima onda" se resume em responder: o que os consumidores vão querer a seguir? Entender as necessidades dos consumidores, então, é a chave. Aqui se revela a fonte da interlocução proposta, quando os novos modelos de negócio de alta tecnologia encontram as análises de mercados com informação assimétrica.

No contexto dos novos modelos de negócio, para entender necessidades dos consumidores Arthur (1996) concebe o gerenciamento ativo de feedbacks tal qual Varian (2014) comenta sobre a Big Data; são considerações complementares. Relativo à exploração e manipulação de dados, Varian destrincha, não apenas as correlações presentes nas respostas dos usuários em meio a um ecossistema altamente tecnológico, mas discorre sobre mapeamentos de oportunidades a partir da personalização e customização, de experimentos e do monitoramento e novos modelos de contrato. Nesse contexto, é o usuário quem cria e produz a informação enquanto as empresas mineram esses dados em busca de ouro. Por quê? Assimetria de informação. (Uma vez que são os consumidores a parte informada nessa situação, a razão para a análise de seus comportamentos está posta.) Logo, surge a situação em que partes diferentes sabem de coisas diferentes. A pressuposição de que são os usuários que conhecem a si próprios, não as empresas, configura o problema de assimetria de informação: de um lado temos os usuários que sabem suas necessidades e do outro, esses novos modelos de negócio, empresas de alta tecnologia. (Situação análoga ao exemplo usado por Akerlof.)

Esse encontro das teorias certamente assinala a incerteza como fator que atravessa ambos os temas. É a começar da incerteza que a busca pelo conhecimento e informação tem sua razão nesse mundo competitivo. (Como na filtragem proposta por Stiglitz e Rotchschild, os clientes fornecem informações, as empresas, ao colherem informações, são capazes de identificar e filtrar informações de acordo com sua a lucratividade. As informações fornecidas revelarão dados necessários para nortear e orientar a produção e o risco envolvido. Nesse sentido, assim como no exemplo de sinalização, mais uma vez, a questão é fazer o investimento certo.)

Assim sendo, a análise aponta para a incerteza como o fator que conjuga a instável competição no "mundo dos rendimentos crescentes" que, ante às potencialidades dos avanços tecnológicos, é ininterrupta. Essas potencialidades partem para ao menos dois pontos importantes: (i) as formas de manipulação e análise de dados e (ii) os próprios rendimentos crescentes de escala. Esses pontos denotam uma amplitude de possibilidades de exploração de dados que tende a aumentar pelo dimensionamento dos rendimentos crescentes; mas não apenas. O volume de dados à disposição se torna cada vez maior, posto que a criação (produção) de informação não cessa – sendo a internet um mundo em que a informação existe na qualidade de insumo produtivo.

CONSIDERAÇÕES FINAIS

DISTOPIA? É... DISTOPIAS

A realidade econômica compreende diversos mundos. A análise de fenômenos e problemas econômicos pode alcançar um mundo perfeito, com informações perfeitas, "o mundo eficiente de Pareto", como pode tocar num mundo de mercados com informações assimétricas. Indo do "mundo de Marshall", marcado por rendimentos decrescentes, ao "mundo dos rendimentos crescentes de escala". E assim se sucede uma imensidão de possibilidades que justapostas também podem ser complementares ou ambivalentes; o que não exclui um ou outro "mundo". Na realidade, mundos coexistem; sendo a internet mais um deles.

Logo, pode-se dizer que há uma confirmação da hipótese, pois as correspondências encontradas entre as teorias apresentadas dão indicativos de que as perspectivas apresentadas associadas umas às outras, realmente, atestam a correlação entre a teoria de informação assimétrica e o *modus operandi* de novos modelos de negócio baseados no conhecimento em meio às transformações tecnológicas catapultadas pela internet; é uma associação que se mostrou teoricamente explicativa. Afinal, a condição da Big Data apresentada por Varian revela como as considerações de Arthur se metamorfosearam a partir e "além do Big Data"[39]. Os pontos de Varian acentuam o plano exposto por Arthur. A linha traçada por Varian (2014) através de exemplos práticos aplicados à realidade contemporânea serve para explicar o desenho das transformações encabeçadas pela internet nos modelos de negócio feito por Arthur (1996). No plano, linhas e pontos apresentadas são esclarecedores complementos um do outro. Posto isto, a análise da teoria de informação assimétrica se encaixou na colagem entre esses pontos, linhas e planos.

O encadeamento verificado une as teorias observadas, confirmando sua correlação. Ademais, tendo os avanços tecnológicos como os guias das transformações, transições e renovações economicamente desenvolvidas nesse estudo, a internet se sobressai como norteadora das mudanças testemunhadas.

A internet, o principal arranjo comunicacional da sociedade, alargou a capacidade de memória. A reunião de informações nunca foi tão grande quanto nas redes digitais. Retomando as pontuações introdutórias, agora junto da assimetria de informação, é possível levantar algumas reflexões.

A capacidade de memória nunca foi tão grande quanto com a informática e internet. Frequentemente comparada à invenção da imprensa em termos de revolução no conhecimento, a diferença é que nas redes digitais a dispersão da informação ocorre com novos intermediários – usuários e os novos modelos de negócio. A informação, portanto, surge de pontos até então inéditos, através do compartilhamento ideias, opiniões entre outras formas. Lévy (2011) faz observações sobre a memória da internet, mais especificamente em relação ao seu conteúdo. Ele lista quatro categorias: (i) documentos em geral, (ii) linguagens e estruturas simbólicas que organizam os significados dos documentos, (iii) regras pragmáticas pelas quais os documentos são ativados ou processados e (iv) os processos de automodelagem que permite a representação dos entendimentos e percepções de comunidades sobre elas mesmas.

Vamos fazer um inventário do conteúdo da memória de uma comunidade de conhecimento. Primeiro, temos todos os significantes registrados e manipulados pela comunidade: são documentos em geral, textos, imagens, sons, sinais multimodais, software etc. Em segundo lugar, precisamos considerar as línguas ou estruturas simbólicas que organizam os significados e possibilitam a leitura de documentos: jargões, classificações, tesouros, códigos, correspondências entre vários sistemas etc. Em terceiro lugar, precisamos adicionar "máquinas abstratas", maneiras de fazer as coisas, regras pragmáticas pelas quais os documentos são ativados ou processados, estruturas simbólicas e relacionamentos entre pessoas: métodos, costumes, *know-how*, e critérios e convenções de todos os tipos, que muitas vezes são implícitos. Essas regras incluem os métodos de medição, avaliação e julgamento que produzem os dados formalmente quantificados ou qualificados que são armazenados na memória da organização. Apenas o domínio desses métodos permite conectar os documentos aos seus referentes. Finalmente, devemos considerar um quarto aspecto da organização simbólica de uma comunidade de conhecimento que não está localizado no mesmo nível lógico que os outros e garante o *looping* autorreferencial. Estou pensando aqui na reificação reflexiva, o trabalho de automodelagem que permite à comunidade representar sinteticamente seus próprios processos cognitivos emergentes para si mesma. Podemos dizer que um dos objetivos da Gestão do Conhecimento (KM, knowledge managment) é apoiar essa modelagem autorreferencial de tal forma a incentivar a melhoria dos processos de inteligência coletiva e facilitar a identificação individual de seus próprios papéis (e dos outros) na criação e manutenção do conhecimento do grupo ao qual pertencem. (LÉVY, 2011, p. 95-96)[40].

Desse modo a memória da internet abarca textos, imagens, sons, signos multimodais, softwares, jargões, classificações, tesauros, códigos, sistemas, métodos, costumes, *know-how*, critérios e convenções de todos os tipos e assim por diante. São inúmeras informações em inúmeros formatos. Assim, parte da realidade se organiza na internet à proporção que a internet transforma e transtorna a realidade – a partir da organização, gerenciamento e manipulação dessas informações, dados[41]. E, como cada vez mais informação está sendo produzida, cada vez mais a internet absorve da realidade.

Desse modo, uma vez que a internet também compreende a situação de informação assimétrica ao passo que os novos modelos de negócio investigam os usuários em busca da "galinha dos ovos de ouro", se materializa a automercantilização dos indivíduos defendida por Lazzarato (2006), diante do momento do capitalismo pós-industrial.

Não obstante, as redes sociais como um modelo de negócio possível em meio à internet, por razões competitivas e adaptativas, também apresentam esse mesmo *modus operandi*. Nessa dinâmica o usuário é, além de fornecedor, um receptor e propagador de informações. Com efeito, a informação recebida por ele *a posteriori* é resultado de um intermédio tecnológico. Sob o ponto de vista de Silveira (2017), do que ele chama de "cinismo institucional", quando os interesses institucionais acabam por conformar as informações, conclui-se que a conformação (distorção) das informações é traçada por interesses mercantis de maximização dos resultados[42]. Esse é o marcador da passagem de informação para desinformação, que pressupõe gerenciamento, manipulação e reorganização de dados.

Assim, a reflexão de Lazzarato volta como aquilo que assinala um dos efeitos de perda e distorção que a internet tem. Lazzarato (2006) comenta a confusão entre "usuário" e "criador" num cenário em que há uma a apropriação social da informação e da sua apropriação privada em detrimento do bem-estar comum. A investigação de Lazzarato parte de um caráter dialético a dicotômico estabelecido na nova relação que surge entre indivíduos e empresas por duas perspectivas contraditórias: o usuário cria informação e a empresa "o mundo onde a informação existe"; que também é o mundo onde a desinformação existe.

Nesse sentido, pelo menos *a priori*, a desinformação é criada pelas empresas, mas é distribuída nas redes digitais (ciberespaço) – tanto por elas como pelos usuários.

Fato é que a internet inaugurou diversas discussões e, no final das contas, esse estudo se trata de um comentário preliminar. Analisada a natureza da internet, ela abarca, numa teia de informações, uma amplitude rizomática de entrelaçamentos, nós, encontros, bifurcações e assim por diante, há uma confusão não só entre "criador" e "usuário", mas também entre "informação" e "desinformação".

O que evidencia um acirramento das situações de informação assimétrica, circunscrevendo até mesmo uma "polarização da realidade"[43]. Como também, recitando Stiglitz (2001, p. 519), muitas maneiras e possibilidades pelas quais a informação pode ser imperfeita, como se abrisse uma caixa de Pandora.

Yuval Noah Harari, em "21 lições para o século 21" (2018), procura rediscutir diversas questões sobre realidade contemporânea. Para tanto, o autor atravessa e entrelaça diversas ideias numa teia ensaística de indagações e reflexões sobre o século XXI.

É sabido que a internet mudou a realidade, porém a realidade ainda não percebeu a razão dessas mudanças. Mesmo a internet sendo parte intrínseca e cotidiana da realidade, não entenderam muitas dessas mudanças – e muito menos o que está por vir. Por quê? Em razão tanto da alta velocidade em que as transformações – e os transtornos – ocorrem quanto pela insuficiência de instrumentos que a compreendam:

> Políticos e eleitores mal conseguem compreender as novas tecnologias, que dirá regular seu potencial explosivo. A partir da década de 1990 a internet mudou o mundo, provavelmente mais do que qualquer outro fator, mas a revolução da internet foi dirigida mais por engenheiros que por partidos políticos. Você alguma vez votou em qualquer coisa que concerne à internet? O sistema democrático ainda está se esforçando por entender o que o atingiu, e está mal equipado para lidar com os choques seguintes, como o advento da inteligência artificial (IA) e a revolução da tecnologia de *blockchain*. (HARARI, 2018, p. 24).

Contudo, ao tratar da contraposição "on-line versus off-line", Harari adverte para o que pode ser entendido como alguns limites – fronteiras – que tangem a cibercultura. Ele comenta sobre o distanciamento entre o on-line e o off-line – o mundo real e a internet – colocando em xeque uma suposta justaposição de um com o outro. A internet não satisfaz todas as condicionalidades do mundo real; é aí estão as limitações.

> Se um dia algum ditador banir o Facebook de seu país, ou desconectar totalmente o plugue da internet, será que as comunidades vão evaporar, ou se reagruparão para reagir? Serão capazes de organizar uma demonstração sem terem uma comunicação on-line? Zuckerberg explicou em seu manifesto de fevereiro de 2017 que as comunidades on-line ajudam a fomentar comunidades off-line. Isso às vezes é verdade. Mas em muitos casos o on-line acontece às expensas do off-line, e há uma diferença fundamental entre os dois. Comunidades físicas têm uma profundidade que comunidades virtuais não são capazes de atingir, ao menos não no futuro próximo. Se eu estiver doente de cama em casa, em Israel, meus amigos on-line na Califórnia podem falar comigo, mas não poderão trazer-me sopa ou uma xícara de chá. (HARARI, 2018, p. 118).

Porém, mesmo com essas limitações, a definição de cibercultura persiste. Harari comenta que práticas, atitudes, modos de pensar e valores se modificam juntamente com os avanços tecnológicos – em especial, da internet. Ainda sobre o "on-line versus off-line", ele comenta que a internet penetra os costumes mais cotidianos, por vez subvertendo o interesse e interação no off-line pelo on-line:

Durante o século passado a tecnologia nos distanciou de nossos corpos. Perdemos a capacidade de dar atenção ao que tem cheiro e gosto. Em vez disso, ficamos absorvidos com nossos smartphones e computadores. Estamos mais interessados no que está acontecendo no ciberespaço do que no que está acontecendo lá embaixo na rua. Está mais fácil do que nunca falar com meu primo na Suíça, mas está mais difícil falar com meu marido no café da manhã, porque ele está constantemente olhando para seu smartphone e não para mim. (HARARI, 2018, p. 118).

Nesse sentido, Harari trata de uma ideia próxima à automercantilização dos indivíduos defendida por Lazzarato (2006) – em certa medida. Segundo ele, os investimentos em desenvolvimento tecnológico associados aos poucos esforços em desenvolver a consciência humana resultaram não apenas numa compreensão superficial da realidade, mas também na criação de "homens domesticados que produzem enormes quantidades de dados e funcionam como chips". (Além disso, esse comportamento torna algoritmos de Big Data e outras ferramentas de manipulação de dados cada vez mais eficientes.)

Estamos criando agora homens domesticados que produzem enormes quantidades de dados e funcionam como chips muito eficientes num enorme mecanismo de processamento de dados, mas essas vacas de dados estão longe de atingir seu potencial máximo. Na verdade, não temos ideia de qual seja ele, porque sabemos muito pouco

sobre nossa mente e, em vez de investir na sua exploração, nos concentramos em aumentar a velocidade de
nossas conexões à internet e a eficiência de nossos algoritmos de Big Data. Se não formos cuidadosos, vamos
acabar tendo humanos degradados fazendo mau uso de
computadores sofisticados para causar estragos em si
mesmos e no mundo. Ditaduras digitais não são o único
perigo que nos aguarda. (HARARI, 2018, p. 101).

Posto isso, o livro também discute algo próximo
ao acirramento das situações de informação assimétrica evidenciado. Harari parte de uma elucubração
sobre o armazenamento e análise de dados biomé-
tricos e adverte para o que pode ser entendido como
uma mudança de eixo da situação de informação
assimétrica. O paradigma posto, no qual os usuários conhecem a si próprios, não as empresas, e por
isso existe a exploração econômica dos dados e afins,
seria subvertido. Ou seja, as empresas saberiam mais
do indivíduo que o próprio sobre si.

A maioria das pessoas não se conhece muito bem.
Quando eu tinha 21 anos, finalmente constatei que
era gay, após viver vários anos em negação. É difícil
dizer que é um caso excepcional. Muitos homens
gays passam toda a adolescência inseguros quanto
à sua sexualidade. Agora imagine como será essa
situação em 2050, quando um algoritmo for capaz
de dizer a todo adolescente exatamente onde ele está
no espectro gay/hétero (e até mesmo quão maleável
é essa posição). Talvez o algoritmo lhe mostre fotos

ou vídeos de homens e mulheres atraentes, rastreie o movimento de seus olhos, sua pressão sanguínea e a atividade de seu cérebro, e em cinco minutos mostre um número na escala Kinsey. (HARARI, 2018, p. 76).

Cabe mencionar que, como mostra Levy (2011), são apenas um exemplo de um tipo de conteúdo dentre as quatro categorias que compõe a memória da internet. Assim, as possibilidades são inúmeras.

Analisar a internet enquanto um prelúdio para o futuro e "outras distopias" aprofunda o fundamento de inúmeros futuros alternativos. Não por acaso, Stiglitz acentua Harari. Uma vez que as ditaduras digitais não são o único perigo que nos aguarda, abriu-se uma caixa de Pandora.

NOTAS

1. Sobre a internet como importante objeto de análise: "Se Marx voltasse a viver hoje em dia, provavelmente incitaria seus poucos discípulos remanescentes a ler menos O capital e a estudar a internet e o genoma humano." (HARARI, 2016, p. 280-281).

2. Jack M. Balkin, ao discorrer sobre a sociedade algorítmica, lembra em sua definição de Big Data que as plataformas digitais e outros agentes estão coletando e processamento massivamente pessoas, o professor que iniciou o Projeto Sociedade da Informação na Universidade de Yale em 1997 compara a manipulação de dados com o que acontece no filme No mundo de 2020, em inglês, Soylent Green: *"In this sense, Big Data is not only the New Oil. Big Data is also Soylent Green. Soylent Green, for those who don't remember, is the name of a 1973 science fiction film starring Charlton Heston.17 It is set in 2022, only a few years from now. The world is suffering from food shortages, and the Soylent Corporation comes up with a nutritious wafer, soylent green, which can feed the world. The corporation says it is made from high energy plankton, but we learn that this is a lie. The most famous line in the movie comes at the very end, when Charlton Heston calls out, as the authorities take him away, It's people! Soylent Green is made out of people.18 This brings me to the first major idea in this essay. Big Data is not simply a vast new source of wealth, or the fuel that runs the Algorithmic Society. Big Data is Soylent Green. Big Data is people."* (BALKIN, 2017, p. 8).

3 Luiz Pasquali diz que: "A psicometria procura explicar o sentido que têm as respostas dadas pelos sujeitos a uma série de tarefas, tipicamente chamadas de itens.". Dados psicométricos são, então, métricas psicológicas geradas a partir da resposta de usuários a estímulos – desde um click, curtida, comentário, compartilhamento, a até uma imagem, como da câmera frontal do celular, podem ser analisados como item explicativo da psique. Assim sendo, o monitoramento de ações e inações na internet é valiosíssimo e também um atentado à privacidade." (PASQUALI, 2009, p. 993).

4. Em 2016, a empresa utilizou dados de dezenas de milhões de usuários para influenciar a eleição dos Estados Unidos e o referendo, que levou ao Brexit, do Reino Unido. Denúncia de ex-funcionário revelou que foram gastos US$1 milhão colhendo milhões de perfis no Facebook e que, no contexto estadunidense, empresa era vinculada ao ex-conselheiro de Donald Trump, Steve Bannon, e compilou dados de usuários para direcionar eleitores. (CADWALLADR e GRAHAM-HARISSON, 2018).

5. A relevância dessa comparação está posta no apontamento que Jonas Valente faz quando trata das TICs (tecnologias da informação e comunicação) e o desenvolvimento capitalista em sua tese sobre tecnologia, informação e poder. O autor menciona que: (i) os ativos financeiros tiveram um boom de US$ 12 trilhões para US$ 206 trilhões apenas entre 1980 e 2007, (ii) nesse mesmo período, a relação entre esses ativos e o PIB foi de 120% para 355% e (iii) os equity assets aumentaram 454%. (LUND et al., 2013 apud VALENTE, 2019, p. 111).

6. Combinados aprendizado de máquina com inteligência artificial tendo a disposição uma grande quantidade de dados (Big Data), a análise preditiva tem potencial de alcançar o que se entende por deep learning (aprendizagem profunda).

7. No original em inglês*: "Back in 2006, NetFlix realized that 75 percent of movie views in its library were driven by recommendations. They created the NetFlix Prize of $1 million that would be awarded to the group that developed the best machine learning system for recommendations, as long as it improved the current version by at least 10 percent. They provided training data of about 100M ratings, 500,000 users, and 1,800 movies."* (VARIAN, 2014, p. 27-28).

8. Nesse ponto, cabe mencionar a dita solução que toda a lógica *on demand* (sob demanda) traz: acessar um serviço a qualquer momento que o usuário demandar (desejar) e, com a internet, em qualquer lugar.

9. No original em inglês: *"Larry Page used to say that the trouble with Google was that you had to ask it questions. It should know what you want and tell it to you before you ask the question. Well, that vision has now been realized by Google Now, an application that runs on Android phones. One day my phone buzzed and I looked at a message from Google Now. It said: Your meeting at Stanford starts in 45 minutes and the traffic is heavy, so you better leave now. The kicker is that I had never told Google Now about my meeting. It just looked at my Google Calendar, saw where I was going, sent my current location and destination to Google Maps, and figured out how long it would take me to get to my appointment."* (VARIAN, 2014, p. 28).

10. Sobre internet e experimentos: *"Google runs about 10,000 experiments a year in search and ads. There are about 1,000 running at any one time, and when you access Google you are in dozens of experiments."* (VARIAN, 2014, p. 29).

11. Para uma discussão mais detalhada do escopo que envolve esse monitoramento, ver: ZUBOFF, Shoshana. *The age of surveillance capitalism: the fight for a human future at the*

new frontier of power. Nova Iorque: PublicAffairs. 2019. ISBN: 9781610395694.

12. No original em inglês: *"Uber: Load an app on your phone and use it to call a black car sedan when you need it. You see the car on a map on your phone and literally watch it come to you. You get in the car, go to where you're going, and automatically pay by using the phone. The entire transaction is monitored. If something goes wrong with the transaction, you can use the computerized record to find what went wrong. Uber is giving both the driver and the passenger a no surprise experience via the identity verification due to the smartphone."* (VARIAN, 2014, p. 30-31).

13. "Criador de matches", em tradução própria do autor, é uma atividade facilmente associada ao que faz o Tinder, plataforma de relacionamento que conecta pessoas realizando "matches". Os usuários preenchem um perfil, recebem recomendações arbitrárias de outros perfis selecionados pelo Tinder e, quando ambas as partes expressam que têm interesse no encontro, pronto, a plataforma promoveu uma conexão entre um massivo número de perfis, i.e., dados. A jornalista Judith Duportail teve acesso aos seus dados pessoais que a plataforma de relacionamentos armazenava sobre ela: trata-se de um dossiê com 800 páginas apenas sobre o perfil da jornalista, a matéria escrita por ela tem como manchete literalmente: "I asked Tinder for my data. It sent me 800 pages of my deepest, darkest secrets". (DUPORTAIL, 2017).

14. Mark Zuckerberg: *In a lot of ways Facebook is more like a government than a traditional company. We have this large community of people, and more than other technology companies we're really setting policies.* (KIRKPATRICK, 2010 apud KLONICK, 2018, p. 1599).

15. Expressão retirada de Galloway (2004, p. 244, apud SILVEIRA, 2016, p. 18).

16. Ao fazer um balanço da história da moderação de conteúdo on-line, Kate Klonick pontua que tão importante quanto o usuário em si (na condição de produtor da informação) é a cultura do lugar onde ela é produzida – ou seja – se a commodity desse tipo mercado é o dado, para tal é necessário haver um usuário engajado num espaço cultural na internet: *"In late 2016, Twitter announced a host of new services for users to control their experience online, block hate speech and harassment, and control trolls. Post's idea of a market for rules is an incredibly useful heuristic to understand the history of online content moderation, with two small updates: (1) the history of Twitter reveals a nuance not fully predicted by Post — that is, rather than exit a platform, some users would stay and expect platforms to alter rule sets and policies reactively in response to user pressure; and (2) the "market for rules" paradigm mistakes the commodity at stake in online platforms. The commodity is not just the user, but rather it is the content created and engaged with by a user culture."* (KLONICK, 2018, p. 1630).

17. No original em inglês: *"If the central theorems that argued that the economy was Pareto efficient – that, in some sense, we were living in the best of all possible worlds – were true, it seemed to me that we should be striving to create a different world. As a graduate student, I set out to try to create models with assumptions – and conclusions – closer to those that accorded with the world I saw, with all of its imperfections."* (STIGLITZ, 2001, p. 473).

18. Expressão organizada a partir de Stiglitz (2001, p. 473).

19. No original em inglês: *"The essential insight of Greenwald and Stiglitz [1986] was to recognize that such externality-like effects are pervasive whenever information is imperfect or markets incomplete – that is always – and as a result, markets are essentially never constrained Pareto efficient. In short, market failures are pervasive."* (STIGLITZ, 2001, p. 505).

20. No original em inglês: *"Much of the research I will describe below focuses on asymmetries of information, that fact that different people know different things: workers know more about their ability than does the firm; the person buying insurance knows more about his health, whether he smokes and drinks immoderately, than the insurance firm; the owner of a car knows more about the car than potential buyers; the owner of a firm knows more about the firm that a potential investor; the borrower knows more about his risk and risk taking than the lender. The essential feature of a decentralized market economy is that different people know different things; in this sense, economists had long been thinking of markets with information asymmetries."* (STIGLITZ, 2001, p. 488).

21. No original em inglês: *"There are new cars and used cars. There are good cars and bad cars (which in America are known as lemons). A new car may be a good car or a lemon, and of course the same is true of used cars."* (AKERLOF, 1970, p. 489).

22. Sandroni define dividendos como: "Renda atribuída a cada ação de uma sociedade anônima. É obtida dividindo-se o lucro do exercício financeiro pelo número total de ações. Em sentido amplo, dividendo é toda espécie de cota, porcentagem ou contribuição obrigatória em qualquer rateio, divisão ou repartição." (SANDRONI, 1999, p. 181). A Bolsa de Valores é um mercado organizado em que são negociadas ações de empresas e outros ativos financeiros, como títulos públicos e privados. Os investidores compram e vendem esses ativos com o objetivo de obter lucro. Os dividendos são uma das formas de retorno financeiro para os investidores que compram ações de uma empresa, a outra forma é comprar na baixa, vender na alta e lucrar com a diferença dos preços. Dividendos são uma parte do lucro de uma empresa que é distribuída aos acionistas como forma de remuneração pelo investimento feito na empresa. Quanto maior for o lucro da empresa,

maior pode ser o valor dos dividendos pagos aos acionistas. Porém, o pagamento de dividendos não é uma obrigação para as empresas e nem todas as empresas pagam dividendos. Quando uma empresa lucra, ela pode decidir por reinvestir esse dinheiro em seu próprio negócio ou optar distribuí-lo aos acionistas na forma de dividendos. A decisão da empresa pagar ou não dividendos depende de diversos fatores: a política de distribuição de lucros da empresa, necessidade de reinvestir os lucros no próprio negócio, a situação financeira da empresa, entre outros. Assim, optar por renunciar parte de seus lucros e distribuí-los aos acionistas na forma de dividendos envolve diversos motivos: eles podem atrair mais investidores para a empresa e aumentar a demanda por suas ações e, consequentemente, elevar o preço dessas ações no mercado, também pode ser uma forma de fidelizar os acionistas, demonstrando que a empresa está comprometida em compartilhar seus lucros com aqueles que investiram nela, além disso, é uma maneira de reduzir o excesso de caixa da empresa, que pode estar gerando baixos retornos financeiros, e direcionar esses recursos para outras áreas do negócio que possam gerar maior valor para a empresa e seus acionistas. Sabendo que o funcionamento da Bolsa de Valores é baseado em regras e regulamentações, diferentemente do ambiente de um cassino (estabelecimento cujo objetivo é lucrar com as apostas dos jogadores onde são realizados jogos de azar, como roleta, blackjack, pôquer, entre outros, em que os jogadores apostam dinheiro e podem ganhar ou perder), Versignassi (2011, p. 127-143, 154-158) sustenta a comparação afirmando que tudo no mercado financeiro é objeto de aposta, desde o preço de uma ação no futuro até a cotação de uma moeda em dólar daqui a um ano. Ele também menciona o mercado futuro, que é uma bolsa de apostas em que são negociados contratos ligados à flutuação do preço de um ativo financeiro, como uma ação. Nesse sentido, pode-se dizer que, na lógica de cassino, o mercado financeiro é um ambiente em que os investidores fazem apostas sobre o comportamento futuro dos ativos financeiros, incluindo ações, moedas e índices de mercado. Os dividendos seriam, então, um incentivo para apostar a *priori* e manter a aposta a *posteriori*.

23. Os "vendedores de mão de obra" conhecem a si próprios. Melhor dizendo, tem consciência do quão responsáveis são, o quão dedicados, quais suas reais competências e habilidades. Apenas depois de contratar e observar o trabalho desses funcionários por algum tempo o empregador descobrirá se, de fato, são indivíduos produtivos. (Situação similar à do potencial comprador no mercado de carros usados).

24. Sobre sinalização de mercado e educação: "Por exemplo, muitas empresas acreditam que um administrador potencial deve possuir MBA, pois quem tem esse título estuda economia, finanças e outras matérias úteis. Mas há um segundo motivo: para poder completar o programa de MBA são necessários inteligência, disciplina e empenho, e as pessoas com essas qualidades tendem a ser muito produtivas." (PINDYCK, 2013, p. 634).

25. No original em inglês: *"In most job markets the employer is not sure of the productive capabilities of an individual at the time he hires him. l Nor will this information necessarily become available to the employer immediately after hiring. The job may take time to learn. Often specific training is required. And there may be a contract period within which no recontracting is allowed. The fact that it takes time to learn an individual's productive capabilities means that hiring is an investment decision. The fact that these capabilities are not known beforehand makes the decision one under uncertainty."* (SPENCE, 1973, p. 356).

26. Para uma discussão detalhada, ver: CHANG, Ha-Joon. *The Stiglitz Contribution. Challenge*, Nova Iorque, v. 45, n. 2, p. 77-96. mar. 2002. DOI: 10.1080/05775132.2002.11034142.

27. No original em inglês: *"My research over the past thirty years has focused, however, on only one aspect of my dissatisfaction with that paradigm. It is not easy to change views of the world, and it seemed to me the most effective way of attacking the paradigm was to keep within the standard framework as much as possible. I only varied one assumption – the assumption concerning perfect information – and in ways which seemed highly plausible. Early on, some objected that opening up the model to the possibilities of imperfect information was opening up a Pandora's box: there were so many ways in which information could be imperfect."* (STIGLITZ, 2001, p. 518-519).

28. No original em inglês: *"In the early days of my work on increasing returns, I was told they were an anomaly. Like some exotic particle in physics, they might exist in theory but would be rare in practice. And if they did exist, they would last for only a few seconds before being arbitraged away. But by the mid-1980s, I realized increasing returns were neither rare nor ephemeral. In fact, a major part of the economy was subject to increasing returns – high technology."* (ARTHUR, 1996, p. 3).

29. Estas são as: "Iniciais de "Pesquisa e Desenvolvimento". Geralmente, a sigla indica se uma empresa realiza pesquisas em seu interior e se desenvolve em produtos seus resultados, ou quanto realiza em investimentos neste âmbito de atividades." (SANDRONI, 1999, p. 450).

30. Sobre a tendência de queda dos custos unitários de produtos de alta tecnologia: *"The first disk of Windows to go out the door cost Microsoft $50 million; the second and subsequent disks cost $3. Unit costs fall as sales increase."* (ARTHUR, 1996, p.3).

31 No original em inglês: *"So, if much downloadable software on the Internet will soon appear as programs written in Sun Microsystems' Java language, users will need Java on their computers to run them. Java has competitors. But the more it gains prevalence, the more likely it will emerge as a standard."* (ARTHUR, 1996, p. 3).

32. No original em inglês: *"As more market is captured, it becomes easier to capture future markets."* (ARTHUR, 1996, p. 3).

33. Expressão usada por Arthur: *"Competition is different in knowledge-based industries because the economics are different. If knowledge-based companies are competing in winner-take-most markets, then managing becomes redefined as a series of quests for the next technological winner—the next cash cow. The goal becomes the search for the Next Big Thing. In this milieu, management becomes not production oriented but mission oriented."* (ARTHUR, 1996, p. 4).

34. No original em inglês: *"We can imagine the top figures in high tech – the Gateses and Gerstners and Groves of their industries – as milling in a large casino. Over at this table, a game is starting called multimedia. Over at that one, a game called Web services. In the corner is electronic banking. There are many such tables. You sit at one. How much to play? you ask. Three billion, the croupier replies. Who'll be playing? We won't know until they show up. What are the rules? Those'll emerge as the game unfolds. What are my odds of winning? We can't say. Do you still want to play?"* (ARTHUR, 1996, p. 4).

35. Feedbacks são, por definição, informações sobre as reações a um produto, o desempenho de uma pessoa em uma tarefa etc., que são usadas como base para melhorias.

36. São negociadas na NASDAQ Stock Market, que é um dos mercados de ações de Nova Iorque, nos Estados Unidos (sendo o outro a NYSE). Conhecida por reunir empresas dos setores

de alta tecnologia – eletrônica, informática e telecomunicações – a NASDAQ teve um boom com o surgimento da internet (entre 1997 e 2000) e, consequentemente, o crescimento de várias empresas do setor, sendo conhecida no início por listar empresas tecnológicas de pequeno e médio porte, mas também grandes empresas – tal qual as FAANG.

37. O NYSE Composite Index é o índice ponderado de capitalização de mercado, ajustado com base nas flutuações, que cobre a totalidade das ações ordinárias listadas na Bolsa de Valores de Nova York, além de ADRs, REITs, ações de rastreamento e listagens de empresas estrangeiras. Diferente da NASDAQ, cujos principais setores das empresas listadas são de tecnologia e internet, a NYSE compreende majoritariamente bancos, petrolíferas, mineradoras e assim por diante.

38. Arthur expõe que os dois mundos apresentados por ele não estão nitidamente separados: *"So we can usefully think of two economic regimes or worlds: a bulk-production world yielding products that essentially are congealed resources with a little knowledge and operating according to Marshall's principles of diminishing returns, and a knowledge-based part of the economy yielding products that essentially are congealed knowledge with a little resources and operating under increasing returns. The two worlds are not neatly split... some products—like the IBM PC — start in the increasing-returns world but later in their life cycle become virtual commodities that belong to Marshall's processing world."* (ARTHUR, 1996, p. 3).

39. Em referência ao título traduzido do inglês *Beyond Big Data* (VARIAN, 2014).

40. No original em inglês: *"Let us make an inventory of the content of the memory of a knowledge community. It is, first, all the signifiers recorded and manipulated by the community: these*

are documents in general, texts, images, sounds, multimodal signs, software, etc. Second, we need to consider the languages or symbolic structures that organize signifieds and make it possible to read documents: jargon, classifications, thesauruses, codes, correspondences among various systems, etc. Third, we need to add abstract machines, ways of doing things, pragmatic rules by which documents are activated or processed, symbolic structures and relationships among people: methods, customs, know-how, and criteria and conventions of all kinds, which are often implicit. These rules include the methods of measurement, evaluation and judgment that produce the formally quantified or qualified data that are stored in the organization's memory. Only mastery of these methods makes it possible to connect the documents to their referents. Finally, we must consider a fourth aspect of the symbolic organization of a knowledge community that is not located at the same logical level as the others and ensures its self-referential looping. I am thinking here of reflexive reification, the work of self--modeling that allows the community to synthetically represent its own emergent cognitive processes to itself. We can say that one of the goals of KM is to support this self-referential modeling in such a way as to encourage the improvement of the processes of collective intelligence and facilitate individuals' identification of their own roles (and those of others) in creating and maintaining the knowledge of the group they belong to." (LÉVY, 2011, p. 95-96).

41. Recupera-se aqui as definições de "ciberespaço" e "cibercultura".

42. Que se traduz, por exemplo, no caso da Cambridge Analytica.

43. Para uma discussão detalhada, ver: ALESINA, Alberto F.; MIANO, Armando; STANTCHEVA, Stefanie. *The Polarization of Reality*. National Bureau of Economic Research, Cambridge, p. 1-6. jan. 2020. DOI: 10.3386/w26675.

REFERÊNCIAS BIBLIOGRÁFICAS

AKERLOF, George A. **The Market of Lemons**: quality uncertainty and the market mechanism. The Quarterly Journal of Economics, Oxford, v. 84, n. 3 p. 488-500, ago. 1970. DOI: 10.1007/978-1-349-24002-9_9. Disponível em: https://doi.org/10.1007/978-1-349-24002-9_9. Acesso em: 1 set. 2020.

AKERLOF, George A. **Explorations in Pragmatic Economics**. Oxford University Press, Nova Iorque, 2005. ISBN: 9781383039405. Disponível em: https://doi.org/10.1093/oso/9780199253906.001.0001. Acesso em: 1 set. 2020.

ALESINA, Alberto F.; MIANO, Armando; STANTCHEVA, Stefanie. **The Polarization of Reality**. National Bureau of Economic Research, Cambridge, p. 1-6. jan. 2020. DOI: 10.3386/w26675. Disponível em: https://www.nber.org/papers/w26675. Acesso em: 10 nov. 2020.

ARTHUR, W. Brian. **Increasing Returns and the New World of Business**. Harvard Business Review, Brighton, p. 1-14, jul./ago. 1996. PMID: 10158472. Disponível em: https://eva.fing.edu.uy/pluginfile.php/81715/mod_resource/content/1/Increasing%20

Returns%20and%20The%20New%20World%20 of%20Business.pdf. Acesso em: 27 out. 2020.

BALKIN, Jack M. **Free Speech in the Algorithmic Society**: Big Data, Private Governance, and New School Speech Regulation. Yale Law School, Public Law Research Paper, New Haven, v. 615. 2017. DOI: 10.2139/ssrn.3038939. Disponível em: http://dx.doi. org/10.2139/ssrn.3038939. Acesso em: 10 nov. 2020.

BLACK, Bernard S. **Information Asymmetry, The Internet, and Securities Offerings**. Journal of Small and Emerging Business Law, Nova Iorque, v. 2, p. 91-99, 1998. DOI: 10.2139/ssrn.84489. Disponível em: https://papers.ssrn.com/sol3/papers.cfm?abstract_ id=84489. Acesso em: 1 set. 2020.

BONATTO, Alexsandro Rebello. **Gestão do Risco de Crédito**: uma abordagem segundo a teoria da informação assimétrica. Monografia (Bacharelado em Ciências Econômicas) - Universidade Federal do Rio Grande do Sul, Porto Alegre, 2003. Disponível em: https://lume. ufrgs.br/bitstream/handle/10183/22592/000384081. pdf. Acesso em: 1 set. 2020.

BRUNETTI, Lucas. **Assimetria de informação no mercado brasileiro de saúde suplementar: testando a eficiência dos planos de cosseguro**. Dissertação (Mestrado em Economia Aplicada) - Escola Superior de Agricultura Luiz de Queiroz, Universidade de São Paulo, Piracicaba, 2010. DOI:10.11606/D.11.2010. tde-20042010-082708. Disponível em: https://doi. org/10.11606/D.11.2010.tde-20042010-082708. Acesso em: 1 set. 2020.

CADWALLADR, Carole. GRAHAM-HARISSON, Emma. **Revealed**: 50 million Facebook profiles harvested for Cambridge Analytica in major data breach. Londres: 17 mar. 2018. Disponível em: https://www.theguardian.com/news/2018/mar/17/cambridge-analytica-facebook-influence-us-election. Acesso em: 27 out. 2020.

CHANG, Ha-Joon. **The Stiglitz Contribution**. Challenge, Nova Iorque, v. 45, n. 2, p. 77-96. mar. 2002. DOI: 10.1080/05775132.2002.11034142. Disponível em: https://doi.org/10.1080/05775132.2002.11034142. Acesso em: 1 set. 2020.

COHN, Elchanan. **Returns to Scale and Economies of Scale Revisited**. The Journal of Economic Education, v. 23, n. 2, p. 123-124. 10 jul. 1992. DOI: 10.1080/00220485.1992.10844746. Disponível em: https://doi.org/10.1080/00220485.1992.10844746. Acesso em: 27 out. 2020.

CORTRIGHT, Joseph. **New Growth Theory, Technology and Learning**: A Practitioner's Guide. Reviews of Economic Development Literature and Practice, Portland, n. 4, 2001. Disponível em: https://e-tcs.org/wp-content/uploads/2012/10/Cortright-nueva_teoria_del_crecimiento.pdf. Acesso em: 10 nov. 2020.

DUPORTAIL, Judith. **I asked Tinder for my data. It sent me 800 pages of my deepest, darkest secrets**. Londres: 26 set. 2017. Disponível em: https://www.theguardian.com/technology/2017/sep/26/tinder-personal-data-dating-app-messages-hacked-sold. Acesso em: 27 out. 2020.

EVANS, David S.; SCHMALENSEE, Richard. **Matchmakers**: The New Economics of Multisided Platforms. Boston: Harvard Business Review Press, 2016. ISBN: 9781633691735.

FERREIRA, Pedro Cavalcanti; ELLERY JUNIOR, Roberto. **Crescimento econômico, retornos crescentes e concorrência monopolista**. Revista de Economia Política, São Paulo, v. 16, n. 2, p. 252-273, abr./jun. 1996. DOI: 10.1590/0101-31571996-0928. Disponível em: https://doi.org/10.1590/0101-31571996-0928. Acesso em: 27 out. 2020.

GUARDIAN. **Sapiens**: A Brief History of Humankind - podcast. Londres, 15 set. 2014. Disponível em: https://www.theguardian.com/science/audio/2014/sep/15/sapiens-brief-history-humankind-yuval-noah-harari-podcast. Acesso em: 27 out. 2020.

HARARI, Yuval Noah. **Homo Deus**: uma breve história do amanhã. 1. ed. São Paulo: Companhia das Letras, 2016. ISBN: 978-85-359-2819-8.

HARARI, Yuval Noah. **Why Did Humans Become The Most Successful Species On Earth?**. 24 mar. 2016. Disponível em: https://www.ynharari.com/why-did-humans-become-the-most-successful-species-on-earth/. Acesso em: 27 out. 2020.

HARARI, Yuval Noah. **21 lições para o século 21**. 1. ed. São Paulo: Companhia das Letras, 2018. ISBN: 978-85-359-3091-7.

HARARI, Yuval Noah. **Yuval Noah Harari**: Could Big Data Destroy Liberal Democracy?. 2 nov. 2018. Disponível em: https://www.ynharari.com/

yuval-noah-harari-could-big-data-destroy-liberal-democracy/. Acesso em: 27 out. 2020.

HENDRICKS, Kenneth; PORTER, Robert H. **An Empirical Study of an Auction with Asymmetric Information**. The American Economic Review, Nashville, v. 78, n. 5, p. 865-883, dez. 1988. ISSN: 00028282. Disponível em: https://www.jstor.org/stable/1807154. Acesso em: 1 set. 2020.

INVESTING. **Cotações e Preços de Ações**. 27. out. 2020. Disponível em: https://br.investing.com/equities/. Acesso em: 27 out. 2020.

IVASHCHENKO, Alla; SYBIRIANSKA, Yuliia; POLISCHUK, Yevheniia. **Information and Communication Platform as a Complex Approach for Solving Information Asymmetry Problems**. ICTERI: 13th International Conference on ICT in Education, Research and Industrial Applications, Kiev, v. 1844, p. 111–126, 15–18 maio 2017. ISSN: 2411-4383. Disponível em: https://ir.kneu.edu.ua:443/handle/2010/29497. Acesso em: 27 out. 2020.

KLONICK, Kate. **The New Governors**: The People, Rules, and Processes Governing Online Speech. Harvard Law Review, New Haven, v. 131, n. 6, p. 1598-1670, abr. 2018. Disponível em: https://harvardlawreview.org/print/vol-131/the-new-governors-the-people-rules-and-processes-governing-online-speech/. Acesso em: 10 nov. 2020.

LANDINI, Simone; GALLEGATI, Mauro; STIGLITZ, Joseph E. **Economies with heterogeneous interacting learning agents**. Journal of Economic

Interaction and Coordination, Berlim, Heidelberg, v. 10, p. 91-118, 2015. DOI: 10.1007/s11403-013-0121-1. Disponível em: https://doi.org/10.1007/s11403-013-0121-1. Acesso em: 1 set. 2020.

LAZZARATO, Maurizio. **As Revoluções do Capitalismo**. Rio de Janeiro: Civilização Brasileira, 2006. ISBN: 85-200-0736-8.

LÉVY, Pierre. **Cibercultura**. São Paulo: Editora 34, 1999. ISBN: 85-7326-126-9.

LÉVY, Pierre. **The Semantic Sphere 1**: computation, cognition and information economy. Londres: ISTE, 2011. ISBN: 978-1-84821-251-0.

LEWIS, Gregory. **Asymmetric Information, Adverse Selection and Online Disclosure**: The Case of eBay Motors. The American Economic Review, Nashville, v. 101, n. 4, p. 1535-1546, jun. 2011. DOI: 10.1257/aer.101.4.1535. Disponível em: https://www.aeaweb.org/articles?id=10.1257/aer.101.4.1535. Acesso em: 1 set. 2020.

LEXICO. **Post-Truth** | Definition of Post-Truth by Lexico. 10 nov. 2020. Disponível em: https://www.lexico.com/en/definition/post-truth. Acesso em: 10 nov. 2020.

LÖFGREN, Karl-Gustaf; PERSSON, Torsten; WEIBULL, Jörgen W. **Markets with Asymmetric Information**: the contributions of George Akerlof, Michael Spence and Joseph Stiglitz. The Scandinavian Journal of Economics, Oxford, v. 104, n. 2, p. 195-211, 2002. DOI: 10.1111/1467-9442.00280. Disponível em: https://www.jstor.org/stable/3441066. Acesso em: 1 set. 2020.

MARQUES, Rodrigo Moreno; PINHEIRO, Marta Macedo Kerr. **Política de informação nacional e assimetria** de informação no setor de telecomunicações brasileiro. Perspectivas em Ciência da Informação, v. 16, n. 1, p. 65-91, jan./mar. 2011. ISSN: 1981-5344. Disponível em: https://periodicos.ufmg.br/index. php/pci/article/view/22714. Acesso em: 1 set. 2020.

MARSHALL, Alfred. **Princípios de Economia:** Tratado Introdutório. São Paulo: Nova Cultural, 1996. ISBN: 85-351-0913-7. Disponível em: https://edisciplinas.usp. br/pluginfile.php/1308458/mod_resource/content/1/ marshall%20(1996)%20principios%20de%20 economia,%20vol%201.pdf. Acesso em: 27 out. 2020.

MELO, Luís Carlos Moriconi de. **Assimetria de informação a partir da regulação do mercado de saúde suplementar no Brasil:** teorias e evidências. Dissertação (Mestrado em Ciências Econômicas) - Universidade Federal do Rio Grande do Sul, Porto Alegre, 2016. Disponível em: https://lume.ufrgs.br/ handle/10183/158145. Acesso em: 1 set. 2020.

MILLER, Merton H.; ROCK, Kevin. **Dividend Policy under Asymmetric Information**. The Journal of Finance, Chicago, v. 40, n. 4, p. 1031-1051, set. 1985. DOI: 10.2307/2328393. Disponível em: https://doi. org/10.2307/2328393. Acesso em: 1 set. 2020.

NASDAQ. **Stock Market Data with Stock Price Feeds** | Nasdaq. Nova Iorque: 27 out. 2020. Disponível em: https://www.nasdaq.com/market-activity/stocks/. Acesso em: 27 out. 2020.

NIC, Núcleo de Informação e Coordenação do Ponto BR. **Internet, democracia e eleições**: guia prático. São Paulo: Comitê Gestor da Internet no Brasil, 2018.

ISBN: 978-85-5559-063-4. Disponível em: https://cgi.br/media/docs/publicacoes/13/Guia%20Internet,%20Democracia%20e%20Elei%C3%A7%C3%B5es. Acesso em: 01 set. 2020.

NYSE. **Exchange Proprietary Market Data** | Historical. Nova Iorque, 27 out. 2020. Disponível em: https://www.nyse.com/market-data/historical. Acesso em: 27 out. 2020.

PADILHA, Felipe; FACIOLI, Lara. **Colonialismo tecnológico ou como podemos resistir ao novo eugenismo digital**: entrevista com sérgio amadeu silveira. Estudos de Sociologia, Araraquara, v. 25, n. 48, p. 363-378, jan. 2020. DOI: 10.52780/res.13980. Disponível em: https://doi.org/10.52780/res.13980. Acesso em: 10 nov. 2020.

PASQUALI, Luiz. **Psicometria**. Revista da Escola de Enfermagem da Universidade de São Paulo, São Paulo, n. 43, p. 992-999. 2009. DOI: 10.1590/S0080-62342009000500002. Disponível em: https://doi.org/10.1590/S0080-62342009000500002. Acesso em: 10 nov. 2020.

PINDYCK, Robert; RUBINFELD, Daniel. **Microeconomia**. 8. ed. São Paulo: Pearson Education do Brasil, 2013. ISBN: 978-85-430-1378-7.

RESENDE, Caio Cordeiro de. **Falhas de Mercado**: uma análise comparativa da escola do setor público tradicional e da escola austríaca. Dissertação (Mestrado em Economia do Setor Público) - Universidade de Brasília, Brasília, 2012. Disponível em: http://icts.unb.br/jspui/bitstream/10482/11094/2/2012_CaioCordeirodeResende.pdf. Acesso em: 27 out. 2020.

ROTHSCHILD, Michael; STIGLITZ, Joseph E. **Equilibrium in Competitive Insurance Markets**: an essay on the economics of imperfect information. The Quarterly Journal of Economics, Oxford, v. 90, n. 4, p. 629-649, nov. 1976. DOI: 10.2307/1885326. Disponível em: https://link.springer.com/chapter/10.1007/978-94-015-7957-5_18. Acesso em: 1 set. 2020.

SANDRONI, Paulo (org.). **Novíssimo Dicionário de Economia**. São Paulo: Best Seller, 1999. ISBN: 8571236542. Disponível em: https://www2.fct.unesp.br/docentes/geo/magaldi/GEO_ECONOMICA_2019/dicionario-de-economia-sandroni.pdf. Acesso em: 27 out. 2020.

SIEBERT, Silvânia; PEREIRA, Israel Vieira. **A pós-verdade como acontecimento discursivo**. Linguagem em (Dis)curso - LemD, Tubarão, v. 20, n. 2, p. 239-249, maio/ago. 2020. DOI: 10.1590/1982-4017/200201-00-00. Disponível em: http://dx.doi.org/10.1590/1982-4017/200201-00-00. Acesso em: 10 nov. 2020.

SILVEIRA, Sergio Amadeu da (org.). Ambivalences, freedom and control of cyberliving. In: SILVEIRA, Sergio Amadeu da (org.). **Cidadania e redes digitais**. 1. ed. São Paulo: Comitê Gestor da Internet no Brasil, 2010. p. 63-85. ISBN: 978-85-63127-01-3. Disponível em: https://www.cgi.br/media/docs/publicacoes/1/livro-cidadania-e-redes-digitais.pdf. Acesso em: 10 nov. 2020.

SILVEIRA, Sergio Amadeu da. **Economia da intrusão e modulação na internet**. Liinc em Revista, Rio de Janeiro, v. 12, n. 1, p. 17-24, maio 2016. DOI: 10.18617/liinc.v12i1.883. Disponível em: https://doi.org/10.18617/liinc.v12i1.883. Acesso em: 10 nov. 2020.

SILVEIRA, Sérgio Amadeu da. **Pós-verdade, neoliberalismo e cinismo institucional**. Revista Lusófona de Estudos Culturais, Minho, v. 4, n. 2, p. 85-95, 2017. DOI: 10.21814/rlec.243. Disponível em: https://doi.org/10.21814/rlec.243. Acesso em: 10 nov. 2020.

SOUZA, Maria Aparecida Grendene de. **Alfred Marshall - A Questão dos Rendimentos Crescentes. Ensaios FEE, v. 1, n. 1, p. 123-138, 1980. ISSN: 1980-2668. Disponível em: https://core.ac.uk/download/pdf/235711178.pdf. Acesso em: 1 out. 2020.

SPENCE, Michael. **Job Market Signaling**. The Quarterly Journal of Economics. Oxford, v. 87, n. 3, p. 355-374. ago. 1973. DOI: 10.2307/1882010. Disponível em: https://www.jstor.org/stable/1882010. Acesso em: 1 set. 2020.

STIGLITZ, Joseph E. **Equilibrium in Product Markets with Imperfect Information**. The American Economic Review, Nashville, v. 69, n. 2, p. 339-345, maio 1979. ISSN: 00028282. Disponível em: https://www.jstor.org/stable/1801670. Acesso em: 1 set. 2020.

STIGLITZ, Joseph E. **Information and Economic Analysis**: A Perspective. The Economic Journal, Oxford, v. 95, p. 21-41, 1985. DOI: 10.2307/2232867. Disponível em: https://www.jstor.org/stable/2232867. Acesso em: 1 set. 2020.

STIGLITZ, Joseph E. **The Invisible Hand and Modern Welfare Economics**. National Bureau of Economic Research, Cambridge, n. 3641, p. 1-48, mar. 1991. DOI: 10.3386/w3641. Disponível em: https://www.nber.org/system/files/working_papers/w3641/w3641.pdf. Acesso em: 1 set. 2020.

STIGLITZ, Joseph E. **Economic Growth Revisited**. Industrial and Corporate Change, Oxford, v. 3, n. 1, p. 65-110, jan. 1994. DOI: 10.1093/icc/3.1.65. Disponível em: https://doi.org/10.1093/icc/3.1.65. Acesso em: 1 set. 2020.

STIGLITZ, Joseph E. **The Contributions of the Economics of Information to Twentieth Century Economics**. The Quarterly Journal of Economics, Oxford, v. 115, n. 4, p. 1441-1478, nov. 2000. DOI: 10.1162/003355300555015. Disponível em: https://edisciplinas.usp.br/pluginfile.php/5052677/mod_resource/content/1/InformationStiglitz.pdf. Acesso em: 1 set. 2020.

STIGLITZ, Joseph E. **Information and the Change in the Paradigm in Economics**. Prize Lecture, Nova Iorque, p. 472-540, 8 dez. 2001. DOI: . Disponível em: https://business.columbia.edu/sites/default/files-efs/imce--uploads/Joseph_Stiglitz/2001_Nobel_Lecture.pdf. Acesso em: 1 set. 2020.

STIGLITZ, Joseph E.; WALSH, Carl E. **Economics**. 4. ed. Nova Iorque: W. W. Norton & Company, 2006. ISBN: ISBN 0-393-11644-1.

STIGLITZ, Joseph E. **The Revolution of Information Economics:** The Past and the Future. NBER Working Paper, Nova Iorque, n. 23780, set. 2017. DOI: 10.3386/w23780. Disponível em: https://www.nber.org/system/files/working_papers/w23780/w23780.pdf. Acesso em: 1 set. 2020.

SUNO. **NYSE**: entenda como funciona a bolsa de valores de Nova York. 20 jul. 2018. Disponível em: https://www.sunoresearch.com.br/artigos/nyse/. Acesso em: 1 set. 2020.

SUNO. **FAANG**: conheça as 5 empresas que lideram a nova economia. 28 ago. 2018. Disponível em: https://www.sunoresearch.com.br/artigos/faang/. Acesso em: 1 set. 2020.

THE **Great Hack**. Direção: Karim Amer e Jehane Noujaim. Produção: Karim Amer, Geralyn White Dreyfous, Judy Korin e Pedro Kos. Intérpretes: Carole Cadwalladr, David Carroll, Brittany Kaiser e outros. Roteiro: Karim Amer, Erin Barnett e Pedro Kos. Distribuição: Netflix. Estados Unidos: The Othrs. 2019, 1h 53 min, colorido. (Documentário)

VALENTE, Jonas Chagas Lúcio. **Tecnologia, informação e poder**: Das plataformas online aos monopólios digitais. Tese (Doutorado em Sociologia) - Universidade de Brasília, Brasília, 2019. Disponível em: http://repositorio2.unb.br/jspui/handle/10482/36948. Acesso em: 10 nov. 2020.

VARIAN, Hal R. **Universal Access to Information**. Communications of The ACM, v. 48, n. 10, p. 65-66, out. 2005. DOI: 10.1145/1089107.1089140. Disponível em: https://people.ischool.berkeley.edu/~hal/Papers/2006/univ-access-info.pdf. Acesso em: 1 set. 2020.

VARIAN, Hal R. **Beyond Big Data**. National Association for Business Economics, v. 49, n. 1, p. 27-31, 2014. DOI: 10.1057/be.2014.1. Disponível em: https://doi.org/10.1057/be.2014.1. Acesso em: 1 set. 2020.

VARIAN, Hal R. **Microeconomia**: uma abordagem moderna. 9. ed. Rio de Janeiro: Elsevier Editora, 2015. ISBN: 978-85-352-3026-0.

VERSIGNASSI, Alexandre. **Crash:** uma breve história da economia: da Grécia Antiga ao século XXI. 1. ed. São Paulo: Leya, 2011. ISBN: 978-85-8044-259-5.

YAHOO. **Symbol Lookup from Yahoo Finance**. 27 out. 2020. Disponível em: https://finance.yahoo.com/quote/. Acesso em: 27 out. 2020.

YOUTUBE. **Joseph Stiglitz** - STIAS Lecture on The Revolution of Information Economics. 23 nov. 2017. Disponível em: https://www.youtube.com/watch?-v=s1HnxyTvSRk. Acesso em: 1 set. 2020.

ZAGOTTIS, Alexandre de. **Rendimentos crescentes e a distribuição internacional de renda**. Revista de Economia Política, São Paulo, v. 28, n. 3, p. 454-470, jul./set. 2008. DOI: 10.1590/S0101-31572008000300006. Disponível em: https://www.scielo.br/j/rep/a/xTw9HZtB3VVfkH8t4X9T4mC/?format=pdf&lang=pt. Acesso em: 27 out. 2020.

ZUBOFF, Shoshana. **The age of surveillance capitalism:** The fight for a human future at the new frontier of power. Nova Iorque: PublicAffairs, 2019. ISBN: 9781610395694.

JÚLIO C. DJÉLI é pesquisador do Núcleo de Estudos da Violência da Universidade de São Paulo (NEV-USP), compõe o ciclo de pesquisas "Violência em Tempos Sombrios", estudando a desinformação, erosão da esfera pública e possibilidades de resistência. É economista pelas Faculdades Oswaldo Cruz e ex-colaborador da B3, Bolsa de Valores do Brasil, onde atuou na mesa de negociação eletrônica, o antigo pregão viva-voz. Djéli, sendo a tradução de "griô" para o francês, trata-se de uma identidade social ancestral africana daqueles cujo compromisso é preservar e transmitir conhecimentos, histórias, mitos e canções da sua aldeia, do seu povo.

Publique seu livro:

Conheça os livros da Editora Ases da Literatura em
www.asesdaliteratura.com